梦·欲望·真相

弗洛伊德自传

真实呈现「精神分析之父」的秘密与奋斗！

Sigmund Freud

[德文原版翻译]
[权威学者解读]

[奥]西格蒙德·弗洛伊德 ◎ 著
顾闻 ◎ 译

国际文化出版公司
·北京·

图书在版编目（CIP）数据

弗洛伊德自传/[奥]弗洛伊德（Freud,S.）著，顾闻译.－北京：国际文化出版公司，2012.12
ISBN 978-7-5125-0465-3

I.①弗…　II.①弗…　②顾…　III.①弗洛伊德，S.（1856～1939）－自传　IV.①K835.215.1

中国版本图书馆CIP数据核字（2012）第285689号

弗洛伊德自传

作　　者	[奥]西格蒙德·弗洛伊德
译　　者	顾　闻
责任编辑	潘建农
统筹监制	葛宏峰　王文侠
策划编辑	廉　勇
美术编辑	徐燕南
出版发行	国际文化出版公司
经　　销	国文润华文化传媒（北京）有限责任公司
印　　刷	阳谷毕升印务有限公司
开　　本	880毫米×1230毫米　32开 8印张　　　　　　132千字
版　　次	2013年2月第1版 2020年1月第2次印刷
书　　号	ISBN 978-7-5125-0465-3
定　　价	45.00元

国际文化出版公司
北京朝阳区东土城路乙9号　邮编：100013
总编室：（010）64270995　传真：（010）64271499
销售热线：（010）64271187　64279032
传真：（010）84257656
E-mail: icpc@95777.sina.net
http://www.sinoread.com

像我这样的人，活着不能没有嗜好，一种强烈的嗜好——用席勒的话来说，就是暴君。我已经找到了我的暴君，并将无条件地为之服务。这个暴君就是心理学。

——西格蒙德·弗洛伊德致威廉·佛里斯（1895）

《西格蒙德·弗洛伊德心理学全集标准版》编者说明

正如弗洛伊德在"补记"中所说,《自传》的英文本1927年在美国首次出版时,与他讨论"非专业性精神分析"的文章收在同一本书中;但无论在扉页或是在外封,都没有提到他的《自传》。八年以后,另一位美国出版商在接受这部著作时,曾建议弗洛伊德作些修订,并补上新近发展的情况。这样,英文版就先于德文版发表了这些新的材料。当然,1928年出版的德文版《全集》第十一卷,只发表了初版时的原文。1948年问世的德文版《全集》第十四卷又原封不动地发表了那个版本,同时还有那个版本再版时新补充的一些脚注。然而遗憾的是,《自传》正文中大量的修改和补充被忽略了。因此这些变动没有被收进这个德文版《全集》中,不过在1936年和1946年出版的两个单行本中当然可以找到。这些疏漏将在下面的英译本中加以注明。我们从欧内斯特·琼斯那里知道（《弗洛伊德传记》第123页，1957年），全书的主要部分写于1924年八九月份，实际是在1925年2月出版的；"补记"完成于1935年5月。

这部著作一般很容易被误解为是弗洛伊德的"生平自传"。它最初是为"从自叙传看当代医学"丛书而写的，该丛书分四卷相继于1923年到1925年出版，大约有27位医学界重要权威为之撰稿。丛书的题目就相当清晰地表明，编辑旨在通过那些对近代医学史起过重要作用的人物之笔，来描述这一段历史。因此，弗洛伊德的自传，主要描述了他本人在精神分析学发展过程中的作用。正如他在篇首指出的那样，他不可避免地要重复自己十年前已在《精神分析运动史》中详细论述过的许多内容。可是，将这两部著作加以比较便可看出，他这时的心情与那时大不相同了。促使他怒气冲冲地写出《运动史》的那些论战，后来已显得无关紧要，他能够用一种冷峻的、纯客观的笔调来描述他那些科学观点的演变。

希望了解弗洛伊德个人生活的读者，则还应该去参阅欧内斯特·琼斯的三卷本《弗洛伊德传记》。

目录

弗洛伊德自述

- 3 ｜ 最初的开创
- 20 ｜ 使用催眠术
- 33 ｜ 压抑·性
- 48 ｜ "梦的解释者"
- 59 ｜ 在孤立中坚持
- 80 ｜ 精神分析学的应用
- 93 ｜ 补记（1935年）

弗洛伊德解梦

- 101 ｜ 梦的刺激和来源
- 126 ｜ 梦的伪装
- 130 ｜ 作为梦的来源的幼儿期材料
- 135 ｜ 梦的躯体方面的来源
- 139 ｜ 典型的梦
- 168 ｜ 梦的表现手段
- 170 ｜ 表现力的考虑
- 174 ｜ 梦的象征表现
- 178 ｜ 在空中飘浮或飞行的梦
- 180 ｜ 关于水的梦

181 | 身体的刺激
183 | 梦的感情
185 | 梦过程的心理学
188 | 焦虑梦
190 | 潜意识与意识——现实
192 | 梦中的计算

弗洛伊德生平

198 | 准备的年代
201 | 精神分析学的初期
203 | 伟大的发现
205 | 成年时代的弗洛伊德
207 | 精神分析学运动的发展
210 | 精神分析学在非医学方面的应用
213 | 鼎盛时期
218 | 弗洛伊德在流亡中

弗洛伊德年表 /221
专门术语解释 /228
中文译者的话 /247

弗洛伊德自述

弗洛伊德自传
The Autobiography of Sigmund Freud

最初的开创

这套《自传》丛书中有几位作者,他们在自己传记的篇首就担心接受这项任务会遇到极大的困难。我觉得和他们相比,我面临的困难更为艰巨;因为,这类文章我发表过不止一篇,从那些文章题目的性质来看,我个人经历的记述已经超过了通常所需要的,或者在有些情况下必需占有的篇幅。

我第一次介绍精神分析学的进展和内容,是1909年在马萨诸塞州伍斯特市的克拉克大学,当时,我应邀参加了该校二十周年的校庆活动,并在那里作了五次讲演[1]。就在前不

---

[1] 讲演稿(英文)首先见之于《美国心理学报》(1910年),德文原稿为《精神分析学论》(1910年)。

久，美国准备要出一本介绍20世纪初有关情况的集子①，鉴于该书编者认识到精神分析学的重要性，打算专辟一章予以介绍，我又欣然为他们写了一篇内容相仿的文章。在这两次中间，我还发表过一篇名为《精神分析运动史》的论文，我在这里要讲的基本内容，其实在那篇文章中皆已有所论及。因此，为了避免前后不一，避免完全重复，我必须将主观态度和客观评价、个人生平和历史材料重新有机地结合起来，加以叙述②。

1856年5月6日，我出生在摩拉维亚一个名叫弗赖堡的小城镇里，那地方现在属于捷克斯洛伐克。我父母都是犹太人，我也保持着这一血统。我有理由相信，我的祖辈很早就在莱茵河畔（科隆）定居生活；由于14、15世纪那里对犹太人大肆迫害，他们才背井离乡，向东逃难；到了19世纪，他们又离开了立陶宛，穿过加西里亚，迁返德奥故地。我四岁时来到了维也纳，在那里完成了全部学业。在中学里③，我在班上连续七年名列前茅，并曾经享受到一些特别优待，几乎所有的课程都免试通过。那时候，家里生活非常拮据，但父

---

① 《多事的岁月》（纽约，1924年），我的文章英译本由布里尔（A.A. Brill）博士翻译，为该书第二卷第七十三章。
② 《标准版弗洛伊德精神分析学全集》英译本注（以下简称"英译注"）：本章后面部分在1924、1928和1948年的版本中均由小号字体印出。
③ 英译注：参见《关于中小学男学生心理的问题》（1914年），《标准版弗洛伊德精神分析学全集》（以下简称《标准版》）第十三卷第240页。

亲对我选择职业一事，则始终主张由我自己去决定。无论是那时还是在晚年，我对医生这一职业并无特别的偏好①。倒是一种对人而不是对物的好奇心，使我改变了想法；可是，我那时还不懂，观察乃是满足这种好奇心的最好方式之一。我差不多从识字的时候起，便迷上了圣经故事，②正像我很晚才发现的那样，这对我的兴趣爱好具有长久的影响。我在学校里有位高年级的好友，后来成了一位颇有名气的政治家，在他强有力的影响下，我曾经萌生过像他那样去学习法律、从事社会活动的想法。那些年头，达尔文的学说是一个很热门的话题，这些理论使人们觉得，人类对世界的认识可望产生一个重大的飞跃，所以它把我深深地吸引住了；然而就在毕业离校前夕，在卡尔·布吕尔教授（Carl Brühl）给我们上的一堂大课上，我听了他朗诵的歌德描写大自然的优美动人的散文③，于是决定攻读医学专业。

---

①英译注：关于这一点，弗洛伊德在《非专业性精神分析学问题》的补记中有过详细描述，见《标准版》第二十卷第253页。
②英译注：本句及下面一句是弗洛伊德在1935年补入的，但在德文版全集（1948年版）中却被疏漏了。
③英译注：布吕尔的名字是弗洛伊德在1935年补入的，但在德文版（1948年）中遗漏了。根据佩斯塔洛齐（Pestalozzi）的说法（1956），这篇散文其实是瑞士作家G.C.托布勒（G.C.Tobler）于1780年写的。半个世纪以后歌德偶尔见之，误以为是自己写的，故把它收入自己的集子中。这篇名为《大自然的断想》的散文，曾经在弗洛伊德的梦中出现过（见《标准版》第五卷第441页）。据说弗洛伊德为维也纳一家晚报写过一篇关于这次讲课的评论文章，但现已无从查找。见琼斯《弗洛伊德传记》（1953年，注31）。

1873年我刚进大学不久，就觉得有些失望。我先是发现，周围人满以为我会因为自己是犹太人而感到自卑和疏远。我绝对不会这么认为。我从来不知道为什么要对自己的出身或者如人们所说的"种族"感到羞耻。于是，我就在这样不受欢迎的情况下置身于大学这个社圈，并没有感到太多的遗憾；我认为，对于一个积极的进取者来说，再怎么排挤，他还是能在社会的某个角落，寻得一块立身之地。但话又要说回来，在大学里的这些最初感受对我的影响，后来证明是非常重要的；因为我年纪轻轻便已处于反对派的地位，尝到了被"紧密团结的大多数"①压制的命运。这为我以后的独立判断力的形成，多少打下了一些基础。

除此之外，在大学的头几年里，我还发现，自己以前求知心切，曾同时涉足多门学科，但由于天赋中的某些特性和局限，使我难以在其中大部分领域有所作为。这时，我才深深领悟到靡菲斯特告诫的真谛：

你不用为学问东奔西忙，

每个人只能学习他所能学到的东西。②

---

① 中译注："紧密团结的大多数"（compact majority，又译solid majorlty），是易卜生《人民公敌》第二幕中，小商人与少数官僚分子进行斗争时剧中人讲的一句话。参见《标准版》第二十卷第274页。
② 中译注：见《浮士德》第一部第四场"书斋"。

我终于在恩斯特·布吕克①的生理实验室里找到了归宿、得到了满足，结识了我所敬慕并引为楷模的师友：伟大的布吕克本人，他的助手西格蒙德·埃克斯纳②和恩斯特·弗莱施尔·冯·马克索夫，③能与后面这位很有天赋的弗莱施尔·冯·马克索夫结为好友，我感到不胜荣幸。④布吕克把一个神经系统组织学方面的问题交我研究；我出色地完成了这一任务，并且独立地将这项工作推进了一步。从1876年到1882年间，除了几次短暂的停歇，我始终在生理实验室工作，那时一般都认为，我已被确定替补将空缺的助教位置。⑤我对医学的各个领域，除了精神病学以外，一概不感兴趣。由于自己放松了医学方面的研究工作，所以直到1881年，我才得到了多少有点来迟的医学博士学位。

1882年对我来说是个转折点，那一年尊师布吕克见我经济上有困难，认为我父亲不该在我身上破费大量钱财，他极

---

①英译注：恩斯特·布吕克（Ernst Wilhelm von Brücke，1819—1892年），生理学教授。
②英译注：西格蒙德·埃克斯纳（Sigmund Exner，1846—1926年），生物学教授，布吕克的后任。
③英译注：恩斯特·弗莱施尔·冯·马克索夫（Ernst Fleischl von Marxow，1840—1891年），物理学家和生理学家。
④英译注：本句及前一句中后面两个人的名字是作者在1935年补加的，但在德文版（1948年）中被遗漏了。
⑤英译注：弗洛伊德的《梦的解析》（1900年）中有许多处提到这一阶段的情况，尤其可参见《标准版》第五卷第680页。

力劝我放弃理论性工作。我听从了他的劝告，离开了生理实验室，来到维也纳总医院①当了一名"临床实习医师"。不久，我又升任住院医师，在各个科室工作，并有半年多时间跟从梅涅特②。对于梅涅特的工作及其人格，我早在大学时代就已有了颇深的印象。

虽然工作变了，但从某种意义上说，我依然守着自己最初开创的路子。以前布吕克交给我的课题，是研究一种属于最低级鱼类（幼态八目鳗，Ammocoetes Petromyzon）的脊髓[3]；后来我的工作转到人的中枢神经系统方面。就在那时，弗赖西希（Flechsig）发现了神经纤维髓鞘形成的非共生性，这一发现清楚地揭示了髓鞘束产生的复杂过程。我一开始就选择延髓（medulla oblongata）作为一个并且是唯一的研究课题，这正是我工作延续发展的又一标志。在大学的前几年，我搞研究的特点是题大面广，层层铺开，这时已经大为不同了，我开始集中力量专攻一个课题或难点。以后我始终坚持这种方式，为此常常招来以偏概全的指责。

进大脑研究所以后，我又像早先在生理实验室那样积极从事研究。在医院几年，我写了若干篇短文，讨论髓鞘束的

---

①英译注：维也纳的一家主要医院。
②英译注：梅涅特（Theodor Meynert，1833—1892年），精神病学教授。
③英译注：弗洛伊德1877年和1878年写过两篇这方面的文章。

过程以及延髓中的中心起端问题①，这些成果皆由埃丁格尔②正式记录了下来。有一次，以前我还未在他手下时就破例让我出入他的实验室的梅涅特，谈到自己年事已高，对新事物已力不从心，因此建议我专搞大脑解剖，并答应把他的课程交给我上。但我对委以如此重任深感惶恐不安，婉言谢绝了他的建议；另外，也许那时我就已经在猜想，这位权威人物是不会对我友善相待的。

从本质上来说，大脑解剖实际上就是生理学，我出于经济上的考虑，开始转而研究神经方面的疾病。那时的维也纳，这方面的专家寥寥无几，用于研究的材料也都分散在医院的各个部门，科研条件极差，因此只有靠自己来摸索。就连因著述大脑定位而刚获得提升的诺特纳格尔③，也未能将神经病理学和医学的其他分支区分开来。这时，远方响起了沙可④的大名；于是，我定了一个计划，打算先在维也纳获得神经病学讲师的职称，然后前往巴黎继续深造。

以后的几年里，我在继续住院医生工作的同时，发表了多篇神经系统器质性疾病的临床观察报告。我对这一领域的

---

①英译注：弗洛伊德写过三篇这方面的文章（1885年、1886年）。
②英译注：埃丁格尔（Ludwig Edinger, 1855—1918年），德国著名神经解剖学教授。
③英译注：诺特纳格尔（Hermann Nothnagel, 1841—1905年），医学教授，其著述作于1879年。
④英译注：沙可（Jean-Martin Charcot, 1825—1893年），法国神经病理学教授。弗洛伊德在沙可去世时写过长篇悼念文章。

情况逐渐熟悉起来。我对延髓损伤的位置定域之准确，以致几乎成为定论。在维也纳，是我第一个将诊断为急性多神经炎的病例，送去作尸体剖检。

我的这些诊断以及事后的确认，使我渐渐有了名气，并引来了一批美国医生上门求教，于是，我用半生不熟的英语，给他们讲解科里的病例：我对神经症一窍不通，有一次讲课时，我把持续性头痛的神经症患者介绍成患了慢性局部脑膜炎；听者顿时愤然起身，离座而去，我这个教学上的新手只得收场作罢。不过，我还要为自己说几句话，在这种事发生的年代，即使是维也纳的一些大名鼎鼎的权威，也常常要把神经衰弱诊断为脑瘤。

1885年春，由于发表了组织和临床方面的论著，我升任为神经病理学讲师。过后不久，承蒙布吕克热心推荐，我被授予一笔数目可观的出国奖学金[①]。是年秋天，我就动身前往巴黎。

我在萨尔帕屈里哀医院[②]就学，不过，作为外国来访者中的一员，我开始时并不引人注意。有一天，我听沙可叹道，自从战争爆发后，他和他的讲稿的德译者之间断了联系；他很希望有人能把他手头一部新的讲稿译成德文。我给他写了封信，

[①] 英译注：这笔金额为600弗罗林，那时约合50英镑或250美元。弗洛伊德游访巴黎和柏林的正式报告现已找到（1886年）。
[②] 中译注：萨尔帕屈里哀医院在巴黎市区的东南部，1862年，沙可在该医院建立了精神病诊疗所。

表示愿意一试。如今，我仍然记得信中有一句话的大意是：我只是苦于"l'aphasie motrice"，而不是"l'aphasie sensorielle du francais"①。沙可接受了我的建议，这样，我便进入了他私人关系的圈子里，并从那以后，参与了医院里的全部活动。

写上面这些内容的时候，我收到了不少来自法国的论文和文章，那些文章不但对接受精神分析学表示强烈的反对，而且还不时对我和法国学派的关系妄加评断。比如，有人说我借游访法国之际，熟悉了皮埃尔·雅内②的理论，然后搜为己有。在此，我想明确地指出，我在萨尔帕屈里哀医院访问学习之时，雅内的名字还尚未引起太多的注意呢。

与沙可在一起的日子里，给我印象最深的，是他对癔病的几项最新研究，其中有些是我亲眼目睹的。例如，他证实了癔病病象的真实性及其规律性（"introite et hic dii sunt"）③，

---

①中译注：l'aphasie motrice：表达性失语；l'aphasie sensorielle du francais：法语"感受性失语"。弗洛伊德在信中借用了一些精神病学的术语，大意是在理解上没有什么问题，在表达上可能有些不够。

②中译注：皮埃尔·雅内（Pierre Janet, 1859—1947年），法国著名心理学家、医生。雅内和弗洛伊德都曾师从沙可，并且都在各自的领域作出了重要的贡献，但是对于两人思想中某些相近的观点到底如何看待，当时在奥法精神病学界有过一些争论。

③英译注：弗洛伊德在1896年12月4日致佛里斯的信中曾引用这句话，想把它作为"精彩的题辞"放在酝酿中的论述癔病心理一书的某章之前（这部书弗洛伊德后来没有写）。这句话更常见的引文是："Introite, nam et dic hii sunt"——即"进来吧，这里也有神明"。莱辛曾把它用作《智者纳旦》一剧的题辞。亚里士多德在《动物四篇》第一卷第五章中认为，希腊式的说法起于赫拉克利特。（中译：可参见商务印书馆1986年版）

确认男性身上也常常会产生癔病，他还证明催眠暗示能够引起癔病性麻痹和挛缩，而且这些人为症状的特征甚至在细微末节上，也和创伤引起的自发性发病完全一样。沙可的不少演证，一开始就使我和其他来访者感到震惊与怀疑，我们曾试图求助于当时的某种理论，以证明我们的怀疑是有道理的。对于诸如此类的怀疑，沙可总是耐心听取，善意对待，但同时，他也有自己的决断。在一次类似的争论中，他（谈到理论时）评论说："这不影响它的存在"，此话在我脑子里留下了不可磨灭的印象。①

当然，沙可那时讲授的知识，今天看来并不一定完全适用：其中有些已经有了疑义，有些已被时间所淘汰。可是还有相当部分保留了下来，在科学的宝库中找到了一席永久的位置。我在离开巴黎之前，曾和这位权威人物讨论过自己的计划，我打算把癔病性麻痹和器质性麻痹进行比较研究。我希望证实一个命题，即在癔病中，麻痹和身体各部位的感觉缺失，是以一般人观念中的界限，而不是根据解剖学的原理划分的。沙可对我的看法表示同意，但是不难看出，他对深入观察神经症的心理因素②，并无特别兴趣。毕竟，他的研究

---

①英译注：弗洛伊德在他翻译的沙可的一部著作中写的一条脚注，说明这一评论是针对他而说的。
②英译注：大约七年以后，弗洛伊德在法国发表了一篇文章，专门论述这一观点（1893年）。

工作是从病理解剖学起步的。

我回到维也纳的时候,先在柏林逗留了几个星期,以便了解一些儿童常见疾病方面的知识。那时任维也纳一家公立儿童医院院长的卡索维茨①曾说过,要我负责儿童神经症科的工作。在柏林,我受到了巴金斯基②的热情帮助和接待。以后的若干年里,我在卡索维茨的医院里出版了几本颇有份量的著作,专门论述幼儿大脑单双侧麻痹症③。由于这个缘故,诺特纳格尔后来(1897年)把他的大作《治疗学大全》中这一专题交我执笔撰写④。

1886年秋天,我在维也纳定居行医,并和一位在远方城市等了四年之久的姑娘结婚成家。写到这儿,我想回顾一段往事,来说明一下为什么由于未婚妻的缘故,我未能在青年时期崭露头角⑤。1884年,一个业余的、但也是强烈的爱好,使我从默尔克公司⑥获得了一些当时还鲜为人知的可卡因,于是我开始研究它对生理的作用。工作进行到一半时,忽然来了一个机会,我可以出去一趟,看望分别已有两年的未婚妻。我草草

---

① 英译注:卡索维茨(Max Kassowits,1842—1913年),维也纳儿科专家。
② 英译注:巴金斯基(Adoif Baginsky,1843—1918年),一家儿科杂志的编辑,弗洛伊德曾为该杂志提供过神经病学方面的文摘。
③ 英译注:分别写于1891年和1893年。
④ 英译注:写于1897年。
⑤ 英译注:这段情况在欧内斯特·琼斯(Ernest Jones)的《弗洛伊德传记》(1953年)第六章中有详细的叙述。
⑥ 英译注:德国达姆斯塔特市的一家化学公司。

结束了可卡因的研究，只满足于在一本专著中预言，在不久的将来，就会发现可卡因更广泛的用途。不过我向我的朋友——眼科医生科尼斯坦因①建议，可以探讨一下可卡因在眼病治疗中的麻醉效能。但是，等我度假回来后才发现，我的另一位朋友，现住纽约的卡尔·柯勒（Carl Koller）在我也对他讲起可卡因之后，用动物的眼睛作了决定性的试验，并在海德堡眼科会议上向人们作了演证。这样，柯勒就理所当然地被公认为可卡因用于局部麻醉的发明者，现在这种麻醉在小型手术中已变得相当重要了；尽管如此，我并没有因为这一研究的中断②而埋怨未婚妻。

现在让我再回到1886年，即我作为神经病专家定居维也纳的那年。当时有人告诉我，要我向"医学协会"汇报我在沙可那儿的见闻和学到的东西。但是，我的报告受到了冷遇。协会主席班柏格医生（Bamberger）等权威人士认为我所说的情况实在难以置信。梅涅特则要我在维也纳找几个类似的例子给协会介绍介绍。我试着照他们说的去做；不料，等我在一些科里找到这种病例后，那些高年资医生不许我进行观察研究。其中有一位年迈的医生竟惊呼道："老兄，别胡扯了！Hysteron③

---

①英译注：科尼斯坦因（Leopold Konigstein, 1850—1924年），眼科教授，弗洛伊德的终身密友。
②英译注：在1924年版中是"我那时的疏忽"，1935年版改为"中断"，但在1948年德文版中仍未改动。
③中译注：在相当长的时期里，歇斯底里（癔症）一直被认为是一种妇女的性疾病。希腊语中Hystera，意为子宫，Hysteron是其复数形式。

（原话如此）就是子宫？男人怎么会歇斯底里？"我向他解释说，我并不要求我的诊断得到认可，我只是想让我自己来处理这个病例，但这一切都徒费唇舌，无济于事。后来，我终于在院外，找到一个典型的男性癔病性偏侧感觉缺失病例，向"医协"作了演示（1886年）。这一次总算得到了认可，但他们并没有表示更大的兴趣。大人物们对我的新方法依然持反对态度；而且，我还发现，由于我提出了男性患癔病，以及暗示产生癔病性麻痹的情况，我被迫成了他们的对立派。过了不久，大脑研究室便不让我再去那儿了①，接着几个学期我没有地方可去讲学，我就这样停止了学术生涯，也不参加什么学会团体。自从那时去过"医学协会"，到现在已经整整有一代人的时间了。

以治疗神经症为生的人，总要能为病人做些有益的事情。开始的时候，我的治疗库中只有两件法宝：一件是电疗法，另一件是催眠术。因为仅仅作出诊断，然后让病人去水疗所治疗，这样的收入是远远不够的。我的电疗法知识，是从W.埃尔布（W.Erb）的教科书中获得的，这本书对治疗各种症状的神经性疾病，均有详尽的讲解。遗憾的是，我不久就发现，若按他的讲解去做，根本没有什么帮助。我原来以为，这是一本观察精确的佳作，想不到里面几乎全是凭空虚构的东西。一位德

---

① 英译注：弗洛伊德在《梦的解析》中，在谈及一个梦的联想时，讨论过他和梅涅特之间的关系，《标准版》第五卷第437—438页。

国神经生理学界头面人物的堂堂大作，竟然和廉价书店里兜售的"埃及梦书"一样，都是想入非非的产物。看到这一点，我感到很不是滋味，但它反过来也促使我丢掉还残留着的迷信权威的幻想。因此我就把那些电疗器具弃之一旁，我的这一认识甚至要早于默比乌斯（Moebius）对这个问题的解决，默比乌斯后来才解释说电疗神经性疾病能够获得成功（如果有这样的例子的话），应归功于医生对病人的暗示作用。

采用催眠术，情况就要好得多。还在我当学生的时候，就已经看过"磁术家"汉森（Hansen）的公开表演，我注意到有一位受试者从开始僵直起，脸色就如死一般灰白，这种状态一直持续到醒过来才结束。这次表演，使我对催眠现象的真实性深信不疑。不久，海登海因（Heldenhain）为上述情况提出了科学的依据；可是在以后相当长的时期里，精神病学的教授们却依然声称催眠术不但是骗人术，而且也是危险术，他们照样把催眠术家视为下等人。我在巴黎的时候曾看到那里的人们自由地使用催眠术，用它在病人身上引发症状，然后再消除这些症状。后来有消息说，南锡出现了一个新的学派，①他们广泛而且成功地把暗示——有的通过催眠，

---

① 中译注：法国精神病学中的一派。早先法国乡村医生利埃博（下文即将提及）在东北部的南锡建立一诊疗所，用催眠术治疗神经症，后开业医生伯恩海姆等人亦采用此种方法进行治疗。他们研究催眠注重心理方面，极力反对沙可为首的巴黎学派强调催眠中的生理变化。

有的则不用催眠——用于治疗。由此可见，在我行医的最初几年，除了一些临时性的，不成体系的精神疗法之外，我把催眠暗示作为主要治疗手段，并不是偶然的。

当然，这也表明，我放弃了对器质性神经症的治疗；不过这关系不大。一来是治疗这类疾病的前景总是不太妙，二来在大城市私人开业的医生中，这类病人在人数上与神经症患者相比简直少得可怜，后者由于无法解除身上的疾苦，到处求医，人数在急剧地增加。除了这两点以外，施行催眠术本身也有某些非常吸引人的东西。催眠术使我第一次尝到给他人带来希望的乐趣；同时，自己能够享有奇迹创造者的美誉，也是一种极大的荣耀。只是到了后来我才发现，催眠法还存在着不少缺陷。不过在那时，只有两处不太令人满意：第一是我无法对所有的患者施行催眠术；第二，我无法使个别病人进入预期的深度催眠状态。抱着完善催眠技术的愿望，我于1889年夏天前往南锡，在那儿待了几个星期。我亲眼目睹了年迈的利埃博[①]为下层贫苦妇女儿童治病的动人情景；观看了伯恩海姆[②]对院里的病人作的惊人试验；由此我得到了一个极为深刻的印象：也许在人们的意识后面，还

[①] 中译注：利埃博（A.A.Liebault, 1823—1904年），法国医生，法国精神病学南锡学派的创始人。
[②] 中译注：伯恩海姆（H.Bernheim, 1873—1919年），法国医生，因受利埃博的影响而信仰催眠术，后为南锡学派的领导人。

可能存在着一些强有力的精神过程。考虑到南锡之行将会有所收益，我还说服了一位癔病患者与我同行。这位女士出身高贵，天资聪颖，在别人对她无可奈何的情况下，她转到了我的手里。我用催眠术使她的病情有了些好转，并且总能帮她摆脱病魔的困扰。但她的病总是时好时坏，于是我就简单地认为，这是因为她的催眠状态还未达到记忆缺失的梦游阶段。后来伯恩海姆也试了几次，想引发那种症状，但同样未能奏效。这时他才坦率地告诉我，他的暗示疗法只能在医院里获得成功，这一疗法对他私人收治的患者不太管用。我和他有过多次切磋商谈，受益匪浅，并同意将他的两本有关暗示及其疗效的专著译成德文①。

在1886年到1891年期间我几乎没有从事科研，也没有什么论著出版。那段时间我正忙于新业的开张，还要保证自己以及急速扩展的家庭得以生存下去。1891年，我研究儿童大脑麻痹的第一篇文章，由我和我的朋友和助手奥斯卡·李博士（Oskar Rie）合作完成发表（1891年）。同年，我应邀为一套医学全书②撰写条目，为此我研究了有关失语症的理论，当时韦尔尼克（Wernicke）和利希海姆（Lichtheim）的观点在这个

---

①英译注：这里有误。弗洛伊德的第一本译作是出版于他去南锡之前，即1888—1889年，第二本于1892年问世。
②英译注：即维拉雷特的《简明辞典》，弗洛伊德曾为该书写过几篇文章（1888年和1891年），由于没有署名，现在还难以确定。

领域占统治地位，他们只是一味强调定域的问题。结果我就写了一本批评加质疑的小册子《关于失语症理论》（1891年）。

不过在介绍后面的工作之前，我得先谈谈，科研工作是怎样又一次成为我的主要兴趣的。

使用催眠术

对前面讲过的内容，我还要补充说明一下，除了催眠暗示以外，我使用催眠术的方法从一开始就与众不同。我用催眠法来了解病人症状的起因，因为有关这一类的情况，病人在清醒状态下反而说不清楚，或者根本说不出什么。这种方式不仅比直接的暗示性指令或禁令来得有效，而且也能满足医生的好奇心，他们在设法用单调乏味的暗示方法消除那些病象时，毕竟有权对其起因有所了解。

我形成这种特殊方法的过程是这样的：当我还在布吕克的实验室里工作时，就结识了约瑟夫·布洛伊尔博士[①]，他是维也纳最受

[①]英译注：约瑟夫·布洛伊尔（Josef Breuer，1842—1925年），本自传问世不久布洛伊尔即去世，弗洛伊德另外又在别处详细地写到过他（1925年）。

尊敬的家庭医生之一，过去也搞过科研，写过几本呼吸心理学和平衡器官方面价值恒久的著作。他才智过人，年长我十四岁。我们俩没过多久便成了密友，在我生活窘迫之时，他总是给我以友情和帮助。我们在科学上渐渐有了共同的旨趣。我俩相交，得益者当然是我。遗憾的是，后来精神分析学的发展竟然断送了我们的友谊。要我付出这么大的代价并非是件容易的事，但我也没办法回避。

早在我去巴黎之前，布洛伊尔就向我讲起过，1880年到1882年间，他曾用一种独特的方法治疗一位癔病患者，这种方法使他能够深入观察癔病症状的病因和含义。那个时候，雅内的著作尚未问世。布洛伊尔多次给我介绍该病历的某些细节，我觉得对于认识神经症，他的方法比以前所有的观察方法都管用。我决定一到巴黎，就把这些发现告诉沙可，可是，没想到这位权威人物对我的介绍并不感兴趣，因此我也就没再提及此事，任其搁置于脑后。

直至返回维也纳后，我才再次关心起布洛伊尔的研究，我请他多介绍些情况。他的病人是个姑娘，受过良好的教育，颇有才气，对父亲感情甚笃。她在护理父亲时已经患病，布洛伊尔接收她时，她已呈现出一种麻痹、挛缩、抑制以及精神错乱的混杂病态。布洛伊尔在一次偶然的观察中发现，要是引导她讲出正控制着她的情感幻想，那么就能消除她那模糊不清的意识。由于这一发现，布洛伊尔找到了一种新的治疗方法。他使病人进入深度催眠状态，每次都要她讲出压在心头的忧患。于是，他先用这种方法控制了她忧郁性精神错乱的发作，接着又用它消释了她的种种抑制以及躯体性疾患。这位姑娘在清醒的时候和别的病人一样，既说不出症状的起因，也闹不清这些症状与她生活中其他经历有什么联系。而在催眠状态中，她一下子就吐露了这种联系。结果，她身上所有的症状，都与她照料父亲时经历的一些动情的事情有关，也就是说，她的症状具有一种含义，它们是那些感人的情境的残留印象，或者说是无意识的回想（reminiscences）①。许多情况显示，当她守候在父亲的病床边时，她不得不压抑某种念头或冲动，因此，为了取代那种念头冲动，症状就作为一种替代物显现了出来。不过，一般说来，症状并不是这种单一的"精神创伤"景象的沉积，而是大量类似情境结合的结果。当病人在催眠中幻觉般地回想起这类情况，并通过自由地表达情感，使当初被压抑的精神活动持续到结束，这时，症状便得以消除，而且不会再卷土重来。经过长期而又艰苦的努力，布洛伊尔终于用这种方法为那位病人解除了所有的症状。

病人康复后一直安然无恙，并且能够干些正经事儿了。可是，这种催眠疗法的最后阶段，仍然蒙着一层朦胧的纱幔，布洛伊尔从来没有揭开过；布洛伊尔的这一发现在我看

---

①中译注：此词另有记忆恢复，再现恢复之意。

来具有不可估量的价值，但我感到纳闷的是，他为什么要将它长久地保密，而不用它去丰富科学宝库。虽然这些都需要了解清楚，但当时亟待解决的问题是，他从个别病例中发现的情形，能否推而广之，普遍适用。布洛伊尔所发现的，在我看来，是一种根本性的状况，既然在个别病例中得到了证实，我不相信在其他的病患者身上不会出现这种情况。但这问题，只能由实践来解答。我开始在自己的病人身上重复布洛伊尔的探索，特别是1889年在伯恩海姆那儿知道了催眠暗示的局限之后，我便致力于研究催眠疗法。以后几年的观察证明，凡用这种疗法的癔病患者身上，均可看到布洛伊尔发现的情形，在我用同样的观察方法积累了相当数量的材料以后，我向他建议合写一本书。他开始坚决反对，后来总算让步了，主要是因为雅内的著作已抢先一步，发表了与他类似的一些研究成果，例如：将癔病症状追溯到病人以前的生活经历，以及通过催眠再现的途径，将症状消除在初始状态之中。1893年，我和布洛伊尔初次联名发表《癔病症状的心理机制》一文，而在1895年，我们的又一本合著《癔病研究》随之问世。

如果读者根据前面所述，认为《癔病研究》的主要内容的基本点，一定是由布洛伊尔首先提出的，那正是我一贯的主张，也是我在此再次说明的目的所在。至于书中提出的理论，有一部分和我有关，但是从某种程度上说，今天已经很难分辨出来了①。不管怎么说,那套理论是很简单的,差不多就是对观察的直接描述。它并不想去确定癔病的性质是什么,只是试图说明其症状的起因。因此,那套理论强调情感生活的意义,强调区别无意识的精神行为和意识的(或者确切地说,能成为意识的)精神行为的重要性;它假设症状产生于情感的压抑,由此提出了动力的因素(dynamic factor),它还将症状视为大量能量转化的产物——否则这些能量就会用于它处,从而又提出了经济的因素(economic factor)。(后一种过程又称转换conversion)②布洛伊尔把我们的方法称之为疏泄法(cathartic);将其治疗目的解释为要把因误入歧途受到阻碍而导致症状产生的那部分情感引入正常轨道,使之得以释放(或曰abreaction)。这种疏泄法的实际效果相当不错。其不足之处也是所有催眠疗法都存在的缺陷。即使现在,仍然有不少精神治疗家在使用布洛伊尔所理解的那种疏泄疗法,并称颂备至。第一次世界大战期间(1918年),西梅尔(Simmel)在德军中用这种简便的疗法治疗战争性神经症时,它的价值又一次显示了出来。疏泄理论对性的问题谈得不多。在我给《癔病研究》提供的一些病

---

①英译注:本段和下段所讨论的问题,编者在《癔病研究》的引言中作过详尽的论述。(《标准版》第二卷第21页)
②中译注:指被压抑的内心冲突以躯体症状象征性地显示出来。详见书后"专门术语解释"。

历中，性的因素都起了一定的作用，不过正如其他的情感刺激没有引起注意一样，性的因素也没有得到重视。布洛伊尔在写到那位女患者（她后来因是他的第一位病人而闻名）时指出，她在性的方面极不成熟。①所以从《癔病研究》很难断定性欲在神经症病因中起多大的作用。

疏泄疗法后来过渡到精神分析学这门学科。关于这个发展阶段，我曾作过好几次详尽的介绍，看来很难再谈出什么新的东西了。正是由于我和布洛伊尔的分道扬镳，才开创了这个阶段，因此，我便成了他未竟之业的唯一继承人。早在合作的初期，我们的观点就有分歧，但那还不至于使我们彼此分手。关于精神过程的致病时间，即精神过程什么时候不能正常地活动，布洛伊尔喜欢用生理学一类的理论来解答，他认为找不到正常发泄途径的精神过程，类似于在异常的、"浅睡眠的"精神状态中产生的过程。但这个观点，又引出了这些浅睡眠状态怎么形成的问题。而我则倾向于怀疑是否有几种力量在相互影响，是否有正常生活中所见的那些目的和意图在起作用。这样，我们两人一个认为是"浅睡眠性癔病"（hypnoid hysteria），一个则认为是"防御性神经症"（neuroses of defence）。然而，要是没有其他因素，上述分歧还不至于使布洛伊尔放弃这一课题的研究。这些其他因素

---

①英译注：参见《标准版》第二卷第21页。

之一无疑是他的内科和家庭医生的工作占去了他不少时间，因而他不能像我那样全力以赴地从事疏泄疗法的研究。再则，我们的著作在维也纳和德国受到的冷遇，也使他感到不胜沮丧，他虽有一些良好的精神素质，但自信心和反抗心不怎么强。比如，当《癔病研究》遭到斯特吕姆佩尔[①]的激烈批评之后，我对他在批评中显露的无知不以为然，置之一笑，布洛伊尔却感到伤了自尊心，从此变得一蹶不振。不过，使他作出决定的主要原因，还是他对我下一步的研究方向难以赞同。

正如前面所说，我们试图在《癔病研究》中建立的理论，仍然是很不完整的；尤其是我们几乎没有涉及病因问题，也没有触及致病过程的根源问题。现在，随着经验的日益积累，我认识到并不是所有的情感刺激都会引起神经症病象，引起这一类病象的，通常只是性的情感刺激，即眼下经历的性冲突，或者早年性经验的结果。我根本没想到会得出这种结论，它完全出乎我的预料，因为我开始研究神经病患者时，对此根本不抱任何疑问。1914年我在写《精神分析运动史》的时候，曾想起布洛伊尔、沙可和克洛巴克（Chrobak）对我的一些评论，他们的评论本来可以使我更早

[①]英译注：斯特吕姆佩尔（Adolf von Strümpell，1853—1925年），德国著名神经病学家，他曾对《癔病研究》提出过非常严厉的批评。（《德国神经病学杂志》1896年，第八卷第159页）。

一点获得这些发现①,但在那时,我却没能领会这些权威们的意思;实际上,这些评论除了表明他们自己的观点或打算捍卫的观点外,还另外有些启发性的东西。它们在我心中静静地隐伏着,直到我试行疏泄法时,才俨然以一种独创性的发现显现出来。在我把癔病的病因归于性欲的时候,我也并未意识到自己正在向医学的初始阶段倒退,正在追随柏拉图的某种思想。直到我看了哈弗洛克·埃里斯(Havelock Ellis)的文章以后才意识到这一关系②。

这样,我在自己的惊人发现的激励下,迈出了至关重要的一步。我走出了癔病的圈子,着手探讨一般所称的神经衰弱症患者的性生活,他们那时常常大批大批地来我这儿就诊。这一实验委实砸了我这个医生的牌子,但它却给我以信心,就是在近三十年后的今天我的信心仍丝毫不减。在治疗中,有许多含糊不清、神秘化了的现象需要克服,一旦这些问题得到解决,就可看到所有这些病人在性功能方面都存在着种种严重恶习。由于一方面这类恶习相当普遍,另一方面神经衰弱也是一种极为平常的疾病,所以它们常常

---

①英译注:参见《标准版》第十四卷第13-14页。
②英译注:1899年1月3日,弗洛伊德在致佛里斯的信中,提到过埃里斯写的一篇文章,这篇文章发表在1898年10月出版的《圣路易斯精神病学家与神经病学家》杂志上,论述《癔病与性冲动之关系》,并有"从柏拉图开始,以弗洛伊德告终"之言。

同时出现，这种同时出现的现象并不能说明多少问题；不过，同时出现反映的问题要比单独一种情况多。通过进一步的观察，我觉得从大量错综复杂的神经衰弱症临床症态中，可以区别出两种不同的基本类型，虽然它们也许会或多或少地混合出现，但还是可以看到它们的单纯的形式。在一种类型中，主要病象表现为：焦虑发作并伴有其等位症①，余留形式以及长期性替代症状；我给这种类型取名为焦虑性神经症（anxiety neurosis），给另一类的命名是神经衰弱症（neurasthenia）。②这样就不难证实，两种类型各以不同的反常性生活为其致病因素：前一种类型的治病因素是性交中断、兴奋受抑制和性欲节制，后一种类型是由于手淫过度、遗精过于频繁引起的。在几个特别有启发性的病例中，临床病象竟会由一种类型转变成另一种类型，这证明，在潜隐的性活动的规律方面，已经发生了相应的变化。因此，如果能够除去恶习，恢复正常的性生活，病症就会显著地好转。

由此，我就把神经症统统看成是性功能失调的结果，所谓"真性神经症"（actual neurosis）就是这类失调直接的中毒性表现，所谓精神神经症（psychoneurosis）则是失调在精神上的表现③。得到这么一个结论，作为医生，我的良心感

---

① 中译注：焦虑等位症，指以心悸、气急等躯体症状代替意识性焦虑。
② 英译注：见弗洛伊德1895年的著述。
③ 中译注：见"专门术语解释"。

到无比宽慰。我希望自己在医学领域里填补了一项空白，因为，医学界在涉及如此重要的生物学功能时，除了传染病或机体严重损害引起的创伤，还没有考虑过其他类型的创伤。此外，这一结论在医学方面也可以得到证实，即性并非是纯精神性的。性也有肉体的一面，它可能是一些特殊的化学过程，性的刺激也可能是某些独特的、然而现时尚未知晓的物质①。我想，一定还有很好的理由可以说明，为什么再也没有别的疾病，比施用某些毒物而产生的中毒现象和缺乏某些毒物而导致的脱瘾症状，或者比甲状腺引起的突眼性甲状腺肿，更像真性自发神经症了。

自那以后，我已没有机会再去探讨"真性神经症"了②；也没有什么人来继续这方面的工作。如果现在回头看看自己早期的一些成果，我觉得那只是些基本轮廓，问题本身可能还要复杂。但是总起来说，那些成果在我看来似乎还未过时。要是我后来能用精神分析学检查一些单纯性青少年神经衰弱症病人，我一定会乐于为之的，可惜我还没有碰到这种机会。为了避免误解，在这里我想指出，我根本没有否认神经衰弱症中存

---

①英译注：参见《性学三论》，《标准版》第七卷第215页、第216页注及第127页编者注。
②英译注：弗洛伊德写完本书后，在《抑制、症状和焦虑》（1926年）中又进一步讨论过这个问题。（见《标准版》第二十卷第109页）弗洛伊德关于这个问题的其他一系列参考书目，可查阅编者为弗洛伊德论述"激进的"精神分析学一文所加的脚注。

在着精神冲突和神经症中的那些情结。我要说明的是，这类患者的症状并非由精神方面决定的，也无法通过分析加以排除，这些症状应该说是性失调的化学过程引起的直接中毒性结果。

在《癔病研究》发表后的几年里，由于获得了上述关于性在神经症病因中的作用的结论，我向各种医学协会宣读了这方面的论文，但遇到的只是怀疑和反对。有相当一段时间，布洛伊尔极力以他个人的巨大影响支持我，但也没有什么结果，而且，不难看出，他本人也不敢承认神经症的性欲致病说。其实他只要举出他的第一个病人，便可搞垮我，或者至少难我一下，因为那个病人表面看来性的因素丝毫不起什么作用。但是他没有那么做，后来我对那个病例有了切实的理解，并根据他的一些陈述重新推断了他的治疗情况，这时我才知道他不反对的原因何在。原来在疏泄似乎结束以后，那位姑娘忽然产生一种"爱恋移情"（transference love）；布洛伊尔没有将这一情况和姑娘的病情联系起来，因此沮丧地退却了[1]。对他说来，提及这样一桩令人尴尬的事，显然不是好受的。那时，布洛伊尔一度对我的态度在欣赏与激烈批评之间游移不定，后来，就好比一般在关系紧张时总会有摩擦一样，我们之间发生了一些小的争执，于是两人便彼此分手，各奔前程了。

---

[1] 英译注：欧内斯特·琼斯的《弗洛伊德传记》中，对此情况有过完整的描述（第246页）。

我研究一般的神经性疾病的另一成果，就是改进了疏泄的技术。我放弃了催眠术，想用其他方法代替它。因为我极不愿意只治疗癔病方面的疾病。何况不断增加的经验，也使我甚至对催眠术用于疏泄是否有效，产生了两个重大的疑问。首先，即使效果再好，一旦我和病人的个人关系受到干扰，那些效果便会顷刻之间化为乌有。当然，要是能够得到调和，还可重新产生效果；不过这种情况表明，医生与病人之间的个人感情毕竟比整个疏泄的作用还要大，而且这种情况又非各种努力所能控制的。有一天我碰到一件事，它使我长悬不解的疑窦顿然获释。在我的一些最听话的病人中，我对其中一位施行了催眠术，不料在她身上竟产生了难以想象的效果，当时我正在对她的病痛追根寻源，以设法减轻其痛苦。有一次她醒过来后，一把搂住了我的脖子。碰巧一个佣人走了进来，这才使我们从痛苦的争执中摆脱出来，从那以后，我和病人都心里明白，不能再使用催眠疗法了。对于这件事，我并不认为自己身上有什么迷人的魅力，我倒觉得我已抓住了活动于催眠状态后面某种神秘要素的实质，要排除这种要素，或者至少把它分离出来，就必须放弃催眠术。

不过，平心而论，催眠术在疏泄疗法方面毕竟出过大力，它开阔了病人的意识领域，使病人能对清醒时无知的情况有所了解。看来，要找一种方法来代替催眠术谈何容易。正当我为此而犯难时，我想起在伯恩海姆那里经常看他做的一种试验。在这种试验中，受试者从梦游状态醒来以后，似乎忘记了梦游状态中发生的所有事情。但伯恩海姆认为那人的记忆力还在；他坚持要受试者尽力回忆，断言受试者对所有情况完全清楚，只要讲出来就可以了，与此同时，他还把手放在那人的额上，结果，那些忘却的记忆果然又恢复过来，虽然起初还有点支支吾吾，但到后来，便滔滔不绝地讲了起来，而且思路也很清晰[1]。因此，我也决定采用这种方法。我觉得，我的病人肯定"清楚"那些只有在催眠中才能碰到的事情；我想，我一边强制一边鼓励，再辅之以手触额，就一定能使那些遗忘的事情以及有关情况加入他们的意识。当然，这种方法比起催眠术似乎更费劲些，可是也许更有效。因此我就放弃了催眠术，只保留了一个惯例，那就是要病人躺在沙发上，我坐其身后，不让他看见我。

---

[1] 英译注：弗洛伊德在很晚的时候有一篇未完成的文章，对这一时期有过详细的叙述。这篇文章用的是英文题目，名为《精神分析学的一些基本教训》（1940年）。

压抑·性

我的想法一一得到了实现；于是，我从催眠术那里解脱了出来。可是，随着技术的改进，疏泄过程又出现了新的情况。原先为催眠所遮盖的几种力量的相互作用，这时已变得清晰可见，这一认识为我后来创立自己的理论，打下了坚实的基础。

病人为什么会忘却那么多外界和内心生活的事情？为什么通过一种独特的技术，又能使他们回忆起来？经过观察，我总算找到了详尽的答案。凡是被遗忘之事，多多少少总是痛苦的；在患者的眼里，那些事情不是触人心境、令人生厌，就是见不得人的。由此可见，这正是那些事情被人遗忘，也就是不再成为意识的原因所在。要使被遗忘的事重新成为意识，就必须克服病人身上的某种抵抗；必须通过病人的努力，促使并强迫他去进行回忆。医生努力的程度，则因病人而异；它和必须回忆的事情的难度成正比。显然，医生要花多少力气，取决于病人抵抗（resistance）的强弱。这样，我只消把观察到的情况付诸文字，就形成了压抑（repression）的理论。

在这种情况下来设想致病过程，就比较容易了。让我们来看一个简单的例子：某个人内心曾涌起一种异常的冲动，但又遭到其他强有力的冲动的抵制。我们应该预料，精神冲突将会经历如下的过程：两种动力的量——为了讨论起见，就称之为"本能"和"抵抗"——将在完全意识的情况下进行一番较量，直到本能受到排斥，能量贯注（cathexis of energy）①回收以后才会平定下来。这是解决冲突的一条正常途径。不过，在神经症中，由于某些尚未知晓的原因，精神冲突找到了另外一条排遣的途径。自我在和讨厌的本能遭遇时刚一交锋便退缩回来；于是它阻止本能冲动接近意识，也不让冲动直接释放出来，但本能冲动却仍然贯注着满满的能量。我把这一过程称之为"压抑"；这是一种奇特的现象，而这种精神现象过去还不曾有人认识过。它显然是一种

---

① 中译注：在精神分析学术语中，贯注指的是精神能量或里比多（libido）专注于（concentration）或投入（investment）某一方面，如某个人或某一事物。

相当于企图逃遁①的初级防御机制（a primary mechanism of defence），但它仅仅是以后正常的谴责性判断②的前兆。这种最初的压抑活动，还会引起进一步的后果。一方面，自我为了对抗被压抑的冲动要卷土重来的频频威胁，不得不长久地耗用能量，即一种相反贯注（anticathexis）③，以致搞得筋疲力尽。另一方面，已经成为无意识的被压抑冲动，则通过迂回曲折的方法，找到了释放的途径和替代性满足的方式，使得压抑的目的全部落空。在转换性癔病中，迂回曲折会引起躯体性神经支配；被压抑的冲动在躯体的某些地方爆发出来，产生症状。于是，症状就成了折中的产物，因为尽管它们是一些替代性的满足，但由于自我的抵抗，它们还是改变了模样，偏离了原先的目标。

这样，压抑的理论就成为我们认识神经症的一块基石。与此相适应，在治疗方面，我们也应该采取不同的治疗观。治疗的目的不再是"疏泄"误入歧途的情感，而是要揭示种种压抑，并以判断活动取代压抑，那些判断活动最终可能会导致接受或者谴责以前被拒绝的东西。为了表明我对这一新

---

①中译注：这里的逃遁，是指从现实逃入疾病中去（flight into sickness），以摆脱一切责任的精神过程，精神分析学家阿德勒等把神经症症象描述为逃入疾病的表现。
②中译注：一种对刺激及其强度的认识。
③中译注：在精神分析学中，指将原观念、冲动所负载的情感或里比多转移贯注到相反的观念或冲动中去。

情况的认识，我不再把自己的研究和治疗方法称作疏泄法，而命名为精神分析（Psychoanalysis）。

我们可以把压抑看成是一个核心问题，把精神分析理论的全部内容与压抑联系起来①。不过，在这之前，我先要提出一个有争议的问题。雅内认为，患有癔病的妇女都是些苦命人，她们体质虚弱，精力无法集中，这正是她们精神分裂、意识受到限制的原因所在。但是，精神分析学的研究成果表明，那些病象乃是动力因素——精神冲突和压抑的产物。仅这一点区别，就足以推翻一些人所谓精神分析学再有价值，也不过是雅内思想的舶来品的论调。读者一定从我的记述中已经了解到，从历史的角度看，精神分析学与雅内的发现没有半点联系，就其内容而言，不仅与雅内的观点相去甚远，涉及的范围也比雅内大得多。精神分析学对精神科学产生如此重要的影响，并引起大众的广泛兴趣，这与雅内的著作是毫不相干的。对雅内本人，我向来怀有敬意，因为他的发现在相当程度上与布洛伊尔所见略同，不过，相比之下，布洛伊尔的成果出得还要早一些，但发表的时间却迟于雅内。遗憾的是，当法国人开始谈论精神分析学时，雅内的表现很不光彩，他不了解事实真相，并且还进行恶毒攻击。他后来表示，他所说的"无意识"精神活动一词，实际上并没有什么

---

① 英译注：本段在1924、1928和1948年的版本中均由小号字体印出。

意思——只不过是"façon de parler",[①]这样他终于露出了真面目,把自己的研究工作也彻底毁了。

但是,对致病性压抑以及还要提到的其他病象的研究,促使精神分析学以认真的态度使用"无意识"这个概念。精神分析学认为,凡是精神方面的东西,首先是无意识的;而另外一种性质——"意识"则可能存在,也可能不存在。这一说法自然会遭到哲学家们的否定,因为在他们看来,"意识"就是"精神",他们决不会相信"无意识精神活动"之类的荒唐说法。然而,这有什么办法呢?对哲学家们的这种特性,我也无可奈何。关于冲动的频率和力量,人们是无法直接感受的,它必须像外界某种事实那样推断出来,这种来自哲人完全陌生的病理材料的经验,是决不可能意识到的。顺便可以指出,这就像人们一贯对待别人的精神生活那样,实际上是在对待自己的精神生活。通常,人们会毫不迟疑地指出别人身上存在着某些精神过程,尽管他们没有直接认识到这些过程,只是根据言行作出这样的推断。但是,凡是对别人适用的,对自己也一定适用。如果谁还要进一步争辩下去,想要证明别人身上的隐秘过程实际上属于另一种意识,那么他必然会碰到一种他所不知道的意识,一种"无意识的

[①] 英译注:在1928年和1948年的版本中,"façon"一词被改为"manière"。
中译注:法语意为"说说而已"。

意识"（unconscious consciouness），不过这个词不如"无意识的精神"（unconscious mental）的设想来得确切。但是，如果有谁像某些哲学家那样表示准备考虑病理现象，可又声称构成病理现象的过程不能称为精神的（mental）过程，而应该是"类精神的"（psychoid），那么观点之争就会降格到毫无结果的词语之争，然而，即使这样的话，为了简便起见，最后还是会采用"无意识的精神"这一说法。至于再要追究这种无意识的基本性质是什么，这就像过去探讨意识的性质一样，既不明智也无裨益。

要简略地说明精神分析学怎么会在无意识中作进一步的区分，把无意识分为前意识（preconscious）和真正的无意识的，这就更加困难了。有些理论为了更好地处理材料，接触无法直接观察的事物，先通过一些假设来直接表示某些经验，因此完全可以认为，进一步的划分对于这些理论的充实，是十分正常的。不少历史悠久的学科，其发展也有这么一个过程。精神分析学试图把精神结构看成是由许多可以用空间概念来表示相互关系的机制或体系组成的，它与大脑的构造毫无联系（我把这种探讨方法称为形态法）。对无意识作进一步的划分，正是这种尝试的一个方面，这些观念都是精神分析学理论体系的组成部分，其中哪些地方一旦证明不太妥当，就可以毫不在惜地把它放弃，或者作些改动。尽管如此，还有大量与真实经验更接近的情况有待于描述。

我在前面已经提到，通过探讨引起神经症的沉积的和潜隐的原因，我越来越频繁地看到病人身上性冲动与抵抗性欲之间的冲突。在致病的情境中，压抑性欲的情况已经开始，被压抑物的替代——症状也已经出现，我在探讨这些情境时，被一步一步地带入病人过去的生活之中，直至他的幼儿时期。结果，我终于看到诗人和人类的研究者们的一贯主张的正确性，他们认为：虽然幼年时代的大部分印象会被遗忘，但有些印象却会在个人成长的过程中留下深深的烙印，甚至会形成日后患神经性疾病的倾向。然而，由于这些幼儿时期的经验几乎总是涉及性的刺激及其压抑，我无意地发现自己遇到了幼儿期性欲（infantile sexuality）的事实——这又是一种奇异的现象，而且和世人最顽固的偏见是相抵触的。儿童时代在人们的眼里一向是"纯洁无邪"、没有性欲的，据认为，与"肉欲"（sensuality）这一恶魔的冲突，要到招惹麻烦的青春期才会出现。由于在幼儿身上不太可能看到这种性欲，所以偶尔出现的性活动不是被当作退化和早发性精神病的征兆，就是被当作一种先天的反常行为。精神分析学认定，在人诞生之时，性功能就已经开始活动了，它甚至还会在幼儿时期通过一些重要迹象显现出来，这一论断引起的广泛抨击和强烈愤慨，对精神分析学来说也是少有的。不过，在精神分析学中，还没有别的什么发现能够像这一主张那样轻而易举、完满透彻地得到证明。

在进一步谈论幼儿时期性欲问题之前，我必须先谈谈自己一度犯过的错误，因为那个错误几乎给我的全部工作以致命的打击。我那时所采用的专门方法，能使大部分病人再现童年时代受某个成人性诱惑的情景。在女病人那里，诱惑者几乎都是父亲。我当时对她们的讲述信以为真，以为自己在这些儿时受到性诱惑的经历中，发现了后来产生神经症的根源。由于在几位病人身上，与父亲或叔伯兄长的关系一直延续到她们记事清晰可信的年龄，因此我对自己的看法就更有信心了。如果有谁对我的这种轻信表示怀疑，这不能怪他；不过我要申辩的是，在那段时间里，我有意把自己的判断力暂时搁在一边，以对每天注意到的奇异现象，保持一种不带偏见、兼收并蓄的态度。然而我最后不得不认识到，实际上并没有什么诱惑的情景，那只不过是病人虚构出来的，或许是我本人强加给她们的幻想，面对这种情况，我一时感到灰心丧气，无所适从了。[1]与此同时，我对所采用的技术及其效

---

[1] 英译注：弗洛伊德在1897年12月21日致佛里斯的信中，第一次谈到他发现自己犯了一个错误。后来他在关于神经症病因中性的作用一文里，公开表明了这一观点的改变（参见《标准版》第七卷第274—275页）。直到他去世前几年，他才解释说他的病人的那些幻想，开始时其实是和她们的母亲有关，而不是和父亲有关（参见《女性的性欲》第三部分，1931年）。

果的信心，也经受了一次严重的打击；然而有一点是不容置疑的，那些情境是通过我认为正确的技术方法找到的，而这些情景的内容也确实与我已着手研究的症状有关。我冷静下来以后，终于从自己的发现中找到了正确的结论：原来，神经症的症候与真实事件并无直接联系，而是和含有愿望的幻想有关，就神经症而言，其心理上的现实感要比物质的现实感来得重要。即使到现在，我还是认为自己并没有把诱惑的幻想强加于病人，也没有作过什么"暗示"。其实，那是我第一次碰上了后来显得极为重要的俄狄浦斯情结（Oedipus complex），但是，由于它有幻想作伪装，我未能把它识别出来。此外，在神经症的致病方面，幼儿时期的诱惑仍占有一定的份量，但比重不大。不过诱惑者往往是一些年龄较大的孩子。

由此可见，我的错误和有些人的错误完全相似，他们相信罗马先皇的传说故事（由利维①等人所记）都是历史事实，殊不知那实际上是为避免记住某些不重要、或者不光彩的时代和事件的一种反应。一旦认清了错误，一条研究儿童性生活的道路便展现在我的面前。这样，就有可能把精神分析学运用到另外一个学科领域，通过精神分析学的材料，去发现生物学方面的新知识。性的功能，正如我所发现的，在人的生命之初就已存在，可是，它最初依附于其他的生命机

---

①中译注：利维（Titus Livius Livy，公元前69—17年），罗马历史学家。

能，以后才能独立出来；它先要经过一个长期而复杂的发展过程，然后才能成为我们所熟悉的成人的正常的性生活。性功能最先显现在所有基本本能（component instincts）的活动中。这些本能依附于体内的性觉区（erotogenic zones）[①]；其中有些是以成双成对的相反冲动出现的（诸如施虐与受虐、窥视冲动与被窥视冲动等等）；这种相反冲动自己相互作用寻求快感，它们多半是在本人身上寻找客体。因此，性功能最初是一种无集中的目标、以自淫（auto-erotic）为主要特征的功能。后来，开始出现了一些组合；在口欲（oral）冲动的作用下，形成了最初阶段的组织结构，在这之后是肛门虐待（anal-sadistic）阶段，只有等到第三个阶段来到之后，生殖器（genitals）的主导才得以确立，性功能才开始服务于生殖的目的。在这一发展过程中，由于基本本能中有不少成分已无法为最终目的服务，因此不是被弃置一旁，就是转为他用，但还有一些成分则改变了目标，被引进生殖组织中去。我把性本能的能量——仅仅是这种形式的能量——命名为里比多（libido）。尔后我又假定，里比多不会始终平静地通过规定的发展过程。因此，某些成分过于强烈，或者某些含有早熟性满足的经验，在里比多发展过程的不同点上，都会出现里比多的固结（fixations）。要是再发生压抑的话，里比多

[①] 中译注：精神分析学把口、肛、性器划为三个最重要的性觉区。

就会流回到那些点上（这种过程可称为倒退 regression），能量在那里爆发出来，成为症状。到以后我才进一步知道，原来固结点的定位，就是神经症选择（choice of neurosis）①的因素，也就是日后疾病出现的形式。

要达到客体的过程，在精神生活中起着相当重要的作用，这种过程是在里比多的形成中产生的。经过自淫阶段，无论是男是女，他（她）的第一个爱的客体（love-object）都是母亲；刚开始时，男孩多半无法把自己的身体和母亲的营养器官区分开来。其后，但仍在幼儿初期，所谓的俄狄浦斯情结那种关系渐渐形成：男孩把性的愿望集中到母亲身上，并产生了视父亲为情敌的敌对冲动，女孩也会采取类似的态度②。这时，俄狄浦斯情结带来的各种变化以及后果都是不可忽视的；同时，人类生来就有的两性体质也显现了

---

①中译注：里比多在躯体某一部位固结，就会转为躯体症状，故又称"躯体性依从"（somatic compliance）。
②作者1935年补注：关于幼儿时期性欲的材料都来自对男性的研究，由此得到的结论也和男孩有关。因此，想要在两性间找到一种完全对应的东西，是极为自然的；可是，这实际上办不到。进一步的研究和探讨告诉我们，男女之间在性的发展方面存在着巨大差异。幼女的第一个性的对象和男孩一样，也是她的母亲；女子在她的正常发育结束之前，她不仅必须改变性的对象，而且还得改变主要的性觉区。在这种情况下就会出现一些麻烦，还可能会产生一些男性所没有的抑制状态。〔英译注：弗洛伊德在本自传发表之前，在一篇有名的文章《俄狄浦斯情结剖析》（1994年）中对男女在性发育方面的这种对应已经提出了怀疑。不久之后，他在另一篇论述两性之间的差别产生的影响的文章里（1925年），全面地提出了一种新观点（参见《标准版》第十九卷编者对这篇文章的说明）〕

出来，而且还增加了许多共存的主动倾向。幼儿在相当长一段时间里，还不清楚两性之间存在差异；在这性的探究（sexual researches）时期，他们会产生一些典型的性的观念（sexual theories），但由于他们自身尚未发育完好，这些观念往往是非混淆、真假相间，并不能解决性生活方面的问题（即婴儿来自何处的难题）。于是我们看到，幼儿的第一次客体选择，就是一种乱伦的（lncestuous）行为。上面描写的整个发展过程相当快就过去了。因为人类性生活的一个最显著特征，就是它的两相出现（diphasiconset），也就是有两个高潮，高潮之间有一段间隔。幼儿四五岁时是第一个高潮期。高潮过后，早期的性的高峰就此消失：一度显得活跃异常的性冲动被压抑所克制，于是出现了一个潜伏期，这个阶段要一直延续到青春期，在此期间，道德方面的反应形成（reaction-formations）、羞耻以及厌恶等便建立了起来①。在一切生物中，似乎只有人类才有性发展的两相出现的情况，这也许正是人类易致神经症的生物因素。到了青春期，幼儿早年的那些冲动以及与客体的关系又重新活跃起来，其中就有俄狄浦斯情结这样的情感联系。在青春期的性生活中，存在着早年的冲动与潜伏期的抑制之间的冲突。在这之

---

①作者1935年补注：这种潜伏期是一种生理现象，但是它只能在文明体制中使性生活完全中断，因为文明体制已把压抑幼儿时期的性欲作为其体系的一个组成部分。在大部分原始民族那里就看不到这种情况。

前，以及在幼儿早年性发展的高潮时期，某种生殖组织已经形成；不过在那一组织中，只有男性的性器在起作用，女性的性器还没有发现（我称这一时期为阳具 [Phallic] 主导时期）。在这一阶段两性的区别不是根据"男性"和"女性"的不同，而是根据"具有阳具"或者"被去势"。产生于这一关系的去势情结（castration complex）对性格的形成和神经症的形成都具有极为深远的意义。

上面简略地介绍了我在人类性生活方面的一些发现，为了使之清晰易懂，我已把自己在不同时期得到的各种结论汇集起来，经过增补和修改，编入后来多次重版的《性学三论》（1915年）一书，希望能有助于人们了解我扩大性的概念的用意（对于这种扩大我曾作过多次强调，但也多次引起人们的反对）。这种扩大具有双重意义；第一，它使性与性器的关系不再那么密切了，它认为性是一种更为广泛的肉体功能，首先以快感为目标，其次才为生殖服务。第二，它把性冲动看成是包括所有纯粹的感情与友爱的冲动，即通常由含义极为模糊的词语"爱"所指的那些冲动。然而，我认为这种含义的扩大，并不是什么创见，那只不过使它恢复原状罢了；即把我们观念中已经形成的一些不适当的限制去掉。

把性与性器分离开来，有利于我们将幼儿的性活动、性变态者的性活动，与正常成人的性活动归于同一范围。幼儿的性生活迄今仍被人们完全忽视,性变态者的性生活虽然已为人们所认识,但仍在受到道德上的指责,得不到理解。从精神分析学的观点来看,即使那些最怪癖、最令人反感的性变态行为,也可以解释为是性的基本本能的表现,这些本能脱离了性器的主导,像在里比多发展的最初阶段那样,在为自己寻找快感。在性变态中最重要的是同性恋了,其实这个名称并不太符合实际情况。同性恋与人类体质中的两性倾向,以及阳具主导引起的副作用都有关系。通过精神分析学,我们能够指出每一个人身上存在的选择同性恋客体的某种迹象。至于我把儿童说成"多形性变态"(Polymophomly Perverse)[1],那只是借用了一个广为流行的术语;这个用语丝毫不含有道德上的评价。精神分析学与这类价值的评价毫无关系。

我所说的性的概念扩大的第二个方面,可以用精神分析学揭示的事实来证实,精神分析学的研究表明,所有感情的冲动,最初都完全带有性的性质,不过到后来不是其目标受到抑制,便是得到了升华。因此,性本能的这种可以受到影响或转向的特征,能够使这些本能服务于各种文明活动,甚至能对文明作出极其重要的贡献。

我对幼儿性的方面的惊人发现,首先是在分析成人的过程中得到的。但是后来(大约1908年以后),通过对儿童

---

[1] 英译注:参见《标准版》第七卷第191页。

的直接观察，就有可能全面详尽地对这些发现加以证实[1]。的确，这样轻易地就让人相信幼儿的性的活动是一种正常现象，人们一定会奇怪地发问，人类怎么会忽视这些事实而把幼儿时代无性欲的美好传说保持那么长久？我想，这种惊人的现象肯定和大多数成人身上掩饰幼年生活的记忆缺失（amnesia）[2]有关。

---

[1] 英译注：参见对小汉斯的精神分析（1909年）。
[2] 中译注：一译健忘症。

"梦的解释者"

抵抗、压抑、无意识、性生活的致病意义，以及幼儿时期经验的重要性等理论，是精神分析学理论体系中的基本内容。遗憾的是，我在这些篇幅中只能对这些内容分而述之，无法顾及它们之间的相互联系及其影响。现在，我必须转而谈谈精神分析法在技巧方面逐渐产生的一些变化。

我原先采用催逼和鼓励的方法，以克服病人身上的抵抗作用，这对我事先大体地考虑可能会出现的情况，是不可缺少的。但是，这种方法终究对双方来说压力太大了，再说这种方法看来也显然容易受到某些批评。于是我就只好用别的方法，从某种意义上说，一种正好相对的方法来代替前者。我不再要求病人专门谈论某个问题，而是请他尽量放松，沉浸到自由联想（free association）之中，也就是不要让意识去指导思维，让他想到什么，就说什么。不过这样做有一点非常重要，那就是病人必须保证一五一十地说出自己感觉到的东西，而不屈服于自己头脑中的某些批评或否定的评断，因为这些评断会由于某些联想无关紧要、没有什么联系或者纯属无稽之谈，而把它们弃之一旁。在病人叙述他的想法时，用不着反复关照他必须讲真话，这是整个分析治疗的一个前提。

没想到让病人遵守精神分析的基本规则以后，这种自由联想法居然达到了预期的效果，它把被抵抗所压抑的内容带入了意识。然而我们必须记住，自由联想其实并不自由。即使病人没有把自己的精神活动引向某一个专门的问题，他仍旧处在精神分析情境的影响之下。我们完全可以设想，病人不会想到与那种情境无关的东西。病人这时对再现被压抑内容的抵抗，可以从两个方面表现出来。首先，它可以通过批评或否定的态度表露出来；所以正是为了对付这些情况，才创立了精神分析的基本规则。可是当病人遵守规则，不再沉默不语以后，抵抗还会另外寻找表现方式。它会进行一番巧妙的安排，使得被压抑的内容本身无法进入病人的意识，而只是以近似的情况暗示出来；这样，抵抗越强，病人讲述的转换过的联想离精神分析者要寻找的实际意念也就越远。一个分析者如果能静心地、毫不费神地倾听病人絮絮讲述联想,并且根据经验大体地估计一下可能发生的情况,那么,他就可以根据两种情况来处理病人讲述的材料。假如病人的抵抗较弱,分析者就能从病人转弯抹角的话语中,推断出真正的无意识的内容;如病人的抵抗较强的话,他就能在联想离题越来越远的情况下,从中看出抵抗的特性,向病人进行说明。不过,揭示抵抗,只是走向克服抵抗的第一步。这样,精神分析工作就涉及解释的技术(art of interpretation),要成功地掌握这种技术,需要机智,还要通过实践,然而要掌握它并不困难。自由联想法优于过去的方法,并不仅仅是因为这种方法省力,它还能使病人受到极少的压力;自由联想法永远不会与实际的、眼下的情境失去联系;它在很大程度上能够确保既不放过神经症中的任何因素,也不会因为精神分析者事先有过估计而带进别的东西。自由联想完全让病人自己决定分析的进程和材料的安排,这样就不可能系统地掌握那些特殊的症状或情结。和催眠术、催逼法中出现的情况截然不同的是,相互有关的材料在联想治疗的不同时间、不同阶段中都会显露出来。因此,对一个旁观者来说——虽然实际上并没有这种人——分析治疗实在使人捉摸不透。

自由联想法的另一个便利之处,是根本不需要去打断它，假如不对联想的情形规定什么条件的话，从理论上说，是完全有可能进行联想的。不过，在某种病例中，会很有规律地出现联想中断的情况；但是根据其特异现象，还是可以对这种病例作出解释的。

这里，我要说说一种因素，这种因素使我的精神分析学的基本特征更加明显，因此无论在技术上还是理论上，都应该把它看成是头等重要的因素。在每一次分析治疗中，无需医生起什么作用，病人与分析者之间总会产生一种实际情境无法解释的强烈的情感关系。这种关系可能是积极的，也可能是消极的，从狂热的性爱到蛮横的顶撞，怨恨的发泄，各种情况都可能发生。这种移情（transference）——我给它一个简称——在病人心中很快就取代了要求治疗的愿望，如果情真意切，并有适度，它就能成为医生影响力的手段，而且几乎可以成为共同的分析工作的一个重要部分。往后，当移情发展到狂热，或者转为敌对情绪时，它又会成为抵抗的主要工具。这样，就会瓦解病人的联想能力，从而危及治疗效果。不过，要想避免产生移情，那也是不明智的；因为要进行分析，就不可能不产生移情。但是也不能就此以为移情是精神分析的产物，如果没有精神分析，移情就不会出现。其实，移情只能说是由精神分析揭示并分离出来的。移情是人类精神生活中的一种普通现象；它决定着一切医疗效果的成功与否，而且实际上，它还支配着个人与社会环境的所有关系。我们可以很容易地把移情与催眠术家所说的"暗示感受性"（suggestibility）看成是同一种动力因素，暗示感受性是催眠感应（rapport）①的手段，其变化之莫测，也给疏泄法带来不少困难。如果没有这类情感转移的倾向，或者移情完全成为一种消极的东西，就像早发性痴呆或妄想狂中表现的那样，那么，用心理学的方法去影响病人，同样是不可能的。

要说精神分析学和别的心理疗法一样，以暗示（或者移情）作为工具，这话不假。不过两者之间还存在着差别，那就是在精神分析中，移情对治疗效果不能起决定性作用。移情只是用来促使病人进行一种精神活动——即克服他自身的移情抵抗，这会使他的精神结构发生一种永久性的变化。精神分析者在分析中让病人意识到移情的出现，并让他相信，他表现出移情态度的时候，正在重新经历着幼年受压抑时期产生于最早的客体依恋的那些情感。这样，移情便从一种最激烈的抵抗手段，一跃成为精神分析治疗上的最佳方法。然而如何使用这种方法，仍然是分析技术中难度最大，最为关键的一个部分。

在自由联想法和有关解释技术的帮助下，精神分析学成功地获得了一项成果，它看似没有什么实用价值，但实际上

---

① 中译注：被催眠者在意识受到限制的状态下与催眠术家之间的一种联系。

在科学思想方面必然会导致一种全新的观念,形成一套新的价值标准。它使得证明梦具有某种含义,并且揭示这种含义成为可能。古时候把梦看得非常重要,认为梦能够预言未来;但是近代科学对梦却不屑一顾,它把梦归入迷信一类,认为梦不过是一些"躯体的"过程——是人在睡眠时心理上的一种颤搐(twitching)。一个从事严肃科学工作的人,竟以"梦的解析者"的身份出现,似乎是难以置信的。不过精神分析不管那些对梦的贬斥,它把梦看成是未经解释的神经症症状,是一些妄想性或强迫性观念,它不注重梦的表面内容,而把梦中各个单独的意象变为自由联想的话题,通过这些工作,精神分析学获得了与众不同的结论。做梦者产生的大量联想,使精神分析学发现了一种思维结构,它再也不能说是荒诞不经、混乱不堪的东西了,它是一种完全正常的心理产物,从那里产生的外显的(manifest)①梦,不过是一种变形的、简化的、不正确的翻译,并且多半是转为视觉意象的翻译。那些梦的隐意(latent dream-thoughts)包含着梦的意义,而外显的内容,仅仅是一种伪装,一种表象,可以把它作为联想的出发点,但不能用它去解释梦。

这里需要解答一系列问题,其中最为重要的是,梦的形

---

①中译注:有关"外显的梦"和"梦的隐意",均见"专门术语解释"中"梦"的条目。

成是否有动机，在什么情况下才会做梦，以及梦的意念（总是含有意义）到底通过哪些方法才能成为梦（通常是毫无意义的）等等。我在1900年出版的《梦的解析》一书中就试图解决所有这些问题。在此，由于篇幅的关系，我只能极为扼要地介绍一下自己的研究情况。如果我们检查一下由梦的分析所揭示的梦的隐意，就能发现其中有一种隐意特别显眼。别的隐意做梦者都是熟悉了解的，这些隐意都是醒时生活的遗念（其专业术语称为白昼的遗念 [the day's residues] ）；而那个分离的隐意，则是一种愿望的冲动，通常是令人厌恶的一类冲动，由于它和做梦者醒时生活毫无关系，做梦者对此自然会矢口否认，愤然拒绝。其实这一冲动才真正是梦的制作者：它为做梦提供能量，并把白昼的遗念用作做梦的材料；这样产生出来的梦，就代表了一种冲动满足的情境，也就是冲动愿望的满足。但是，如果没有某种睡眠性质的因素加以协助，这一过程就不会发生。睡眠在精神上有一个先决条件，就是必须让自我专心于睡眠愿望上，并把心理能量从各种日常兴趣那儿收回。因为，所有活动的途径同时阻断以后，自我也可以减少消耗平时用来维持压抑的能量。无意识冲动就利用夜间压抑放松的机会，与梦一起乘虚而入进入意识。但是在睡眠中，自我的压抑性抵抗并没有消失，它只是减弱了一些。其中有一部分仍然保持着梦的稽查（[censorship of dreams]）的形态，禁止无意识以本来的形式显现出来。由于梦的稽查无比严厉，梦的隐意只好加以改变和软化，以便使梦中那种被稽查所禁止的含义难以辨认。这种情况就是梦的变形（[dream distortion]）。它是外显的梦的一个最显著的特征。因此，我们可以断言：梦是（被压抑的）愿望（经过伪装）的满足。由此可见，梦的构成就像神经症症状一样，是某种被压抑的冲动和自我中稽查的抵抗力之间妥协的产物。由于梦和神经症起因相似，因此它们都非常难理解，所以都需要加以解释。

要发现做梦的一般功能，并没有什么困难。梦能够以一种安抚镇静的活动，挡住那些会惊醒入睡者的内外界刺激，以确保睡眠不受扰乱。外界刺激经过一种新的解释，被编入某种无干扰的情境之中，便可得到排除；至于由本能要求引起的内部刺激，只要梦的隐意服从稽查的指挥，睡眠者就会任其自由活动，让它们在做梦时寻求满足。但是，如果这些刺激想要无法无天，或者梦的含义太明显时，睡眠者就会中断做梦、惊醒过来（这类梦可称之为焦虑的梦anxiety-dreams）。假如外界刺激强到难以阻挡的程度，那么梦的功能也会失效（这就属于警觉的梦arousal-dreams一类）。我把在稽查的合作下变梦的隐意为显梦的过程，称为梦的工作（dream-work）。梦的工作是一种处理前意识思想材料的特殊方式,它把前意识材料的各个部分加以浓缩(condensed),将心理重点移位(displaced),并使全部材料转化为视觉意象,或者说使之戏剧化(dramatized),再通过表面的润饰(secondary elaboration)加工完成。在无意识深层活动的各种过程与一般的正常思维过程是全然不同的,梦的工作就是一个最好的例证。此外,梦的工作还显示出大量古代的特征,如借助于象征作用(symbolism)——这里主要指性的方面,这在别的精神领域中可能也已经发现了。

我们前面已经说过,梦的无意识的本能冲动与白昼的遗念,以及与醒时生活中某些尚未遗弃的兴趣都有联系;这样,它才能做梦,做出对精神分析学具有双重意义的梦。梦之所以有双重意义,因为一方面梦经过分析可以显示出它是一种被压抑愿望的满足;另一方面,梦又是前一天某种前意识活动的延续,它可以包含各种各样的内容,可以表达一种意图、警告、思考,或者还可以是一种愿望的满足。精神分析学在利用梦的时候从两个方面入手,把梦作为了解病人意识过程以及无意识过程的途径。另外,精神分析学还得益于这样一种情况,即梦有机会接近幼儿时期被遗忘的那些材料,所以,要解决幼儿时期的记忆缺失,在很大程度上就要靠梦的解析。在这一方面,梦担当起了以前催眠术的一部分工作。

不过，我可从来没有像人们经常说的那样，认为对梦的解析显示出所有的梦都含有性的内容，或者是由性的动力产生的。不难发现，饥饿、干渴或者排泄的需要，就像所有被压抑的性冲动或利己冲动一样，也会产生满足愿望的梦。我们的梦的理论是否正确，幼儿的例子就能够给我们以简便的检验。在幼儿身上，各种心理体系分界还不明显，压抑也未深化，所以我们经常会碰到的梦，都是不加掩饰地满足了醒时生活留下的冲动。成人在某些迫切需要的作用下，也会产生这种幼儿式的梦。①

就像利用梦的解析那样，精神分析学通过研究人们生活中大量细小的过失与错误，即所谓的症状性活动，也得到不少收获。我曾在一系列论文中探讨过这个问题，这些文章后来汇编成《日常生活中的心理病理学》一书，于1904年首次出版。我在这本广为流传的著作中指出，过失和错误的出现并不是偶然的，不能仅仅从生理学上去说明，过失和错误都具有一种含义，可以进行解释，并且可以推断，那里存在着种种受到限制或压抑的冲动和意图。然而，梦的解析以及对过失和错误的研究之所以意义重大，并不在于这些工作对精神分析工作有所助益，而是它们另外一方面的贡献。

---

①作者1935年补注：如果从做梦的功能经常会失效来考虑，那么很可以把梦看成是一种想要实现愿望的企图。亚里士多德曾经把梦定义为人在睡眠时的精神生活，这种说法现在还是成立的。所以我把自己的著作称为《梦的解析》而不是《梦》自有其道理。

以前，精神分析学只注重解决病理现象，为了说明这些现象，它不得不常常提出一些范围极广、与所要研究的实际材料并不相符的假设。自从精神分析学接触到梦以后，它就不再处理病理症状，而去处理在所有健康人的精神生活中都可能发生的那种现象。由于梦的构成被证明与症状的形成相似，由于梦的解析也需要诸如冲动的压抑、替代的形成（substitute-formation）、妥协的形成（compromise-formation）、把意识和无意识分为不同的心理体系等假设，因此，精神分析学就不再是精神病理学方面的辅助性学科了；它应该是一门新型的、深广的、对认识正常活动同样是不可或缺的精神科学的基础。它的假设和发现可以用于精神活动的其他范畴：它的前面有一条大道通向远方、通向人们普遍关心的那些领域。

在孤立中坚持

有关精神分析学发展的内在因素就介绍到这里，现在我要转而谈谈这一学科在外界的经历。我前面介绍的那些发现，十之八九与我本人的工作有关；不过在动笔的时候，我还补充了一些后来的材料，但没有指明哪些是我的，哪些是我的学生和信从者的贡献。

自从和布洛伊尔分手以后，我有十多年间无人相从，完全处于孤立隔绝的状态。在维也纳，人们对我避而远之，国外也没有人注意过我。《梦的解析》一书于1900年出版以后，那些专业杂志对它几乎只字不提。我在《精神分析运动史》（1914年）一文中，曾以我在一家诊疗所讲学时与该所一位助教的谈话为例，说明那时维也纳精神病学界对我的态度。那位助教从未读过《梦的解析》，却著书立说来反对我的理论。因为诊疗所里曾经有人告诉他这本书根本不值得一读。后来，这位当上了教授的先生见了我的记述不但矢口否认，而且怀疑我是否记错了。对此，我只能直言相告，我对自己写的每一句话承担责任。①

一旦认识到自己被人反对是不可避免的，我对这种情况就不那么敏感了。更何况，我的孤立处境也渐渐有了改观。先是在维也纳，有一群学生来到了我的身旁；接着，1906年以后有消息说，苏黎世的精神病医生E.布洛伊勒②和他的助手C.G.荣格③，以及其他人对精神分析学颇有兴趣。于是，我和他们建立了个人的联系，到了1908年复活节，我们这一新兴学科的同人相会于萨尔茨堡④，一致同意定期举行类似的非正式会议，并决定筹备出版一份杂志，由荣格主编，取名为《精神病理学与精神分析学研究年鉴》。该杂志在我和布洛伊勒的指导下出版发行，到第一次世界大战爆发才告停刊。在瑞士精神病学家加入这一运动的时候，整个德国也开始对精神分析学产生了兴趣；在众多的

---

①英译注：参见《标准版》第十四卷第23页。
②英译注：E.布洛伊勒（Eugen Bleuler，1857—1939年），瑞士精神病学家，苏黎世一公立精神病院院长。
③中译注：C.G.荣格（Carl Gustav Jung，1875—1961年），瑞士精神病学家，原弗洛伊德的学生，后建立其自己的分析心理学派。
④中译注：奥地利西部一城市。

评论文章里，在热烈的科学讨论会上，精神分析学成了人们谈论的话题。可是，人们对它并不友善，它甚至得不到公正的待遇。德国科学界对精神分析学也只是短暂地接触了一下以后，便群起而攻之。

就是在今天，我也无法预见后人最终将如何评说精神分析学在精神病学、心理学和一般精神科学方面的价值。不过我想，万一有人将我们经历的这个时期载入史册的话，德国科学界是不会为当时那些代表人物感到光彩的。对于他们反对精神分析学，对于他们那种坚决的态度，我倒并不在意；这些都还可以理解，都是意料之中的事情，至少还不至于让人怀疑这些反对者的人品如何。然而，他们那种不可一世的蛮横态度，强词夺理的恶劣做法，以及粗俗卑劣的诬蔑攻击，实在是太过分了。也许有人会说，我在十五年后还旧事重提，耿耿于怀，未免太有点孩子气了吧；要不是有件事情须补上一笔，我是不会去翻陈年老账的。就在若干年后，即第一次世界大战期间，敌国同声指控德国的野蛮行径，他们的这一指控正好概括了我在上面所写到的那些情况，可是我由于自己的切身遭遇而无法出来驳斥这种攻击，这使我感到非常痛心。[1]

---

[1] 英译注：参见弗洛伊德写于大战期间（1915年）的著作《对战争与死亡时期的思考》中的一段描述。《标准版》第十四卷第279页。

有一位反对者[①]曾经吹嘘说，他的病人只要一谈到与性有关的事情，他就能让他们闭口；这位先生显然以为他掌握的这种技术，使他有资格决定性在神经症病因中到底起多大的作用。关于情绪方面的抵抗，只要用精神分析学理论来解释一下就不至于引起误会，除了这一点，我觉得我和我的反对者不能一致的主要障碍在于，他们把精神分析学看成是我个人沉思默想的产物，他们不愿意相信，这门学科的形成，是长期细致耐心、客观公正的工作的结果。既然在他们眼里，精神分析学既用不到观察又不需要什么经验，因此他们觉得，不了解这门学科照样可以反对它。另外有些人的看法没有这么激烈，他们的抵制就是一再鼓吹不用显微镜的传统研究法，以免看到那些已被他们否定了的东西。当人们必须对某一新事物作出判断的时候，大部分人竟然会做得如此不当，这确实是难以想象的。几年来，我不断地从"善意的"批评家那儿听说——就是今天也有人告诉我——精神分析学已经发展到了这般程度，它开始毫无道理地夸大其作用，并用来概括所有的现象。我觉得，要划出这样一种程度是一项极其困难的工作，然而据我所知，那些批评家们在作出上述论断的一两个星期或者若干天以前，对这个问题还一窍不通呢。

来自权威方面的攻击，反而促使精神分析学家进一步

---

①英译注：本段在1924、1928、1948年的版本中均由小号字体印出。

团结起来。1910年，在纽伦堡举行的第二次大会上，由费伦茨[1]提议，成立了"国际精神分析协会"。协会设一名主席，下面分设各个地方分会。经过第一次世界大战的考验，这一组织仍然保存了下来。如今，它在奥地利、德国、匈牙利、瑞士、英国、荷兰、苏俄、印度都建立了分会，在美国也有两个分会[2]。那次会上，我安排让荣格担任首任主席，但是此举日后表明乃是一大失策。与此同时，精神分析学的第二份刊物《精神分析学导报》开始问世，编辑为阿德勒[3]和斯泰克尔[4]，紧接着，由两位非医学方面的分析家H.萨克斯[5]和O.兰克[6]主办的第三份杂志《意象》（Imago）[7]发行，该杂志打算把精神分析学应用到精神学科的各个领域中去。稍后不久，布洛伊勒（1910年）发表了一篇捍卫精神分析学的文章[8]。在论战中能看到这样一种真诚坦率、实事求是的态度，确实令

---

[1]中译注：费伦茨（Sandor Ferenczi, 1873—1933年），匈牙利精神分析学家。
[2]英译注：在德文版中，这句话为"……在维也纳、柏林、布达佩斯、苏黎世、伦敦、荷兰、纽约、全美（Po Pan—America）、莫斯科和加尔各答的地方组织。"作者对英译本的改动曾予以特别认可。
[3]中译注：阿德勒（Alfred Adler, 1870—1937年），奥地利精神分析学家，个体心理学的创始者。
[4]中译注：斯泰克尔（Wilhelm Stekel, 1888—1942年），奥地利精神分析学家。
[5]中译注：H. 萨克斯（Hans Sacks, 1888—1942年），奥地利精神分析学家。
[6]中译注：O. 兰克（Otto Rank, 1884—1939年），奥地利精神分析学家。
[7]中译注：《意象》于1912年创刊，1938年停办。
[8]中译注：《弗洛伊德的精神分析学》，见《精神病理学与精神分析学研究年鉴》第二卷（1910年）。

人欣慰，可是我对他的文章还是不很满意。他太急于想表现出不偏不倚的姿态；当然，也亏得布洛伊勒，我们的学科才有矛盾心理（ambivalence）这样一个很有价值的概念。布洛伊勒在以后的几篇论文中，对精神分析学所持的批评态度，以及对该理论中一些基本部分的否定或怀疑，使我大为吃惊，照他这么说，精神分析学中还有什么东西值得他称道的呢？可是，他后来不仅全力以赴地为"深度心理学"申辩，而且还把它作为自己全面探讨精神分裂症的基础（1911年）。尽管如此，布洛伊勒在"国际精神分析协会"中的时间并不长，由于和荣格意见不合，他不久便退出了协会，这样，布格赫尔茨利医院也就和精神分析学脱离了关系。

官方权威的反对，并不能阻止精神分析学在德国以及其他国家广泛传播。我在别处[1]已经记述过精神分析学发展的几个阶段，并提到了一些重要的代表人物。1909年，我和荣格应美国马萨诸塞州伍斯特市克拉克大学校长G.S.霍尔[2]的邀请，前去参加该校二十周年校庆，并作了为时一周的讲学活动（用德语讲学）。霍尔不愧是一位心理学家和教育家，在我们去那儿的前几年，他就已经在自己的课程中介绍了精神分析学；他这个人身上有点"太上皇"的味道，喜欢随心所欲地授权或罢免人家。我们

---

[1] 中译注：见《精神分析运动史》一书。
[2] 中译注：霍尔（G.Stanley Hall，1844—1924年），美国心理学家和教育家。

在那里还见到了哈佛大学的神经病学家詹姆斯·杰克逊·普特南[1]，普特南虽然年事已高，但还是热情地支持精神分析学，他以他那德高望重的影响力，全力捍卫精神分析学的文化价值及其目标的纯洁性。普特南是一位值得尊敬的人物，作为对抗强迫神经症倾向的一种方式，他身上的伦理偏见也相当突出；他唯一令人感到不安的地方，就是他爱把精神分析学看成是某种独特的哲学体系，要让它为道德目的服务[2]。这次美国之行还有一件事使我久久不能忘怀，这就是我和哲学家威廉·詹姆斯[3]的会面。我永远不会忘记我们一起出去散步时发生的一件小事。那天我们走着走着，他突然停了下来，把手中的包递给我，要我继续往前走，他说等正要发作的心绞痛过去以后，他会马上赶上来的。一年后他便因这种病而与世长辞；我经常希望在死神到来的时候自己能像他那样无所畏惧。

我访问美国的时候才五十三岁，正是年富力强之时，对这个新世界的短暂访问，使我深深地受到鼓舞，信心倍增。我在欧洲的时候总觉得自己在受人轻视，可是到了美国，那里的名流显要却始终与我平等相待。当我登上伍斯特的讲

---

[1]中译注：普特南（James Jackson Putnam，1846—1918年），美国神经病学家。
[2]英译注：参见弗洛伊德在普特南去世后写的讣告（1920年）以及为普特南选集作的序言（1921年）。
[3]中译注：威廉·詹姆斯（William James，1862—1910年），英国心理学家和哲学家。

坛，作《精神分析学五讲》之时，我仿佛感到一个难以相信的昼梦实现了：从此以后，精神分析学再也不是什么妄想的产物了，它已成为现实生活中的一个很有价值的组成部分。从我们访美以来，精神分析学在美国方兴未艾，它在群众中广为流传，官方有许多精神病学家也认为它是医疗培训中的一个重要环节。然而，遗憾的是，在那里精神分析学渗入了大量的水份。更有甚者，还有不少与精神分析学无关的东西，也打着精神分析的旗号招摇撞骗，到处滥用，而全面地从理论上技术上进行培训的机会却少得可怜。此外，精神分析学在美国还和行为主义发生过冲突，这一理论鼓吹什么不用考虑心理学方面的问题，实在是幼稚之极。

在欧洲，1911年到1913年期间，发生了两次脱离精神分析学的运动，领头人物是以前曾在这门年轻学科中发挥过重要作用的阿尔弗雷德·阿德勒和C.G.荣格。这两次脱离运动来势不小，一下子就有大批人马跟随而去。然而，他们的力量并不在于其本身的内容如何重要，而是因为他们对人们有一种吸引力：即使不拒绝精神分析所掌握的材料，也可以摆脱那些令人反感的发现。如荣格试图从抽象的、非个人的和非历史的角度，对精神分析学占有的材料重新解释，以期不必再去认识幼儿的性生活和俄狄浦斯情结的重要作用，不必对幼年阶段作任何分析。阿德勒似乎走得更远：他全盘否定了性的重要作用，认为性格的形成与神经症的形成，根源都在人们的权力欲，以及对补偿体质低下（constitutional inferiorities）的需求上，他把精神分析学在心理学方面的种种发现弃之一旁，不予理会。然而，那些被他所拒绝的东西，还是以别的名义闯到他那套封闭体系中去了；如他所谓的"男性的抗议"[1]，无非就是不正常的、带有性特征的压抑。这两位持不同观点者受到的批评还是比较轻微的；我只坚持一点，即他们的理论不应再冠以"精神分析学"这个名称了。现在，十多年时间过去了，我可以明确相告，上述这些反对精神分析学的企图已经收场，它们没有给精神分析学造成任何损失。

如果说一个组织的建立是基于其成员对几个基本问题看法一致，那么，放弃这一共同立场的人，当然不能再留在该组织中了。可是，我从前的学生的离异，却常常被人们用作攻击我的材料，说什么这是我独断专行的证据，是我大难临头的征兆。情况到底如何，我想事实胜于雄辩：虽然荣格、阿德勒、斯泰克尔，以及另外有些人先后离我而去，但还有更多的人，如亚伯拉罕[2]、艾丁根（Eitingon）、费伦茨、

---

[1]中译注：男性的抗议（masculine protest），阿德勒用语，指那些对性别有自卑感的妇女的行为反应。
[2]中译注：亚伯拉罕（Karl Abraham, 1877—1925年），德国精神分析学家。

兰克①、琼斯、布里尔②、萨克斯、普菲斯特③、范·艾姆顿（van Emden）、赖克（Reik）等人，他们已和我同心协力、亲密无间地共事了十五年。我这里提到的，都是我早年的学生，他们在精神分析学方面都写了不少著作，颇有建树；当然，除了他们以外还有不少人，我已无法在此一一列举了；至于那些年纪轻轻、后来跟随我的人当中，也许会有不少可以寄予厚望的优秀人才。在此，我倒想替自己说几句话，一个心胸狭窄、自以为是的人，能够始终抓住那么多有学识、有水平的人吗？更何况像我这样没有什么吸引力的人了。

在第一次世界大战中，无数团体遭到破坏，所幸的是我们的"国际精神分析协会"仍旧安然无恙。1920年在中立地区海牙，协会召开了战后的第一次大会。荷兰人热情地欢迎来自饥饿贫困中的中欧各国代表，其场面实在感人；我认为，这是英德两国人士在战后的废墟上第一次坐在一起，友好地讨论大家感兴趣的科学问题。在德国和西欧诸国，这次大战激起了人们对精神分析学的广泛兴趣。通过对战争性神经症的观察，医学界终于认识到精神因素在神经性疾病中的

---

①中译注：兰克后来也因意见分歧而离开弗洛伊德。
②中译注：布里尔（Abraham Arden Brill，1874—1948年），奥裔美国精神病学家，有"美国精神分析学之父"之称，他为精神分析学在美国的传播作出了重大贡献。
③中译注：普菲斯特（Oskar Pfister，1873—1956年），瑞士精神分析学家、神学家。

重要意义，像"疾病性获益"（gain from illness）、"遁入疾病"（flight into illness）等心理学概念，很快在人们中间流行起来。1918年，在布达佩斯举行了德国战败前的最后一次代表大会，中欧同盟国曾派了一些政府官员前来参加，会上他们同意建立一些精神分析所，专门用以治疗战争性神经症。可惜，这一计划最终未能实现。另外，协会的领导人之一安东·冯·弗罗因德博士（Dr. Anton Von Freund）提出了一项综合性计划，打算在布达佩斯建立一个精神分析学研究治疗中心，但是，这一计划不久也因为政局动乱、计划制订者的早逝而成为一件憾事。[①]后来，马克斯·艾丁根于1920年在柏林开设了一家精神分析诊疗所，这才实现了弗罗因德博士的某些设想。在布尔什维克统治匈牙利的那个短暂时期，费伦茨曾经作为精神分析学的正式代表，在布达佩斯大学成功地开设了这门课程。大战结束之后，反对我们的人兴高采烈地声称，这场战事对否定精神分析学命题的正确性，提出了决定性的证据。他们认为，战争性神经症证明，性的因素不一定是神经症的病因。可是，他们高兴得太早了。因为首先，谁也没有从头到尾地分析过一例战争性神经症病例，所以就无法确切地知道引起这种病的动因到底是什么，因而自然也得不出什么结论；另一方面，精神分析学

---

①英译注：参见弗洛伊德在弗罗因德逝世后写的讣告（1920年）。

早就有了自恋（narcissism）和自恋性神经症（narcissistic neuroses）的概念，它认为在这些情况中，人身上的里比多所依附的是本人的自我，而不是某一客体。①因此，精神分析学虽然以前常常被指责为不适当地扩大了性的概念，但是有人为了争论的需要，又可以忘记这条罪状，再次把我们推到"性"这个词的最狭窄的含义上。如果疏泄法这个预备阶段不包括在内的话，我认为精神分析学的历史可以分为两个阶段。第一个阶段我孤军奋战，所有工作都由我独自担当：这段时间是从1895、1896年到1906、1907年。从那以后到现在是第二个阶段，在这期间，我的学生和同事已经作出了越来越重要的贡献，这样，当我今天身患重病、将不久于世的时候，可以静心地考虑自己该停止工作了②。由于上述原因，所以我在这部《自传》中无法像记述第一阶段精神分析学逐渐形成的经过那样，全面地介绍第二阶段的进展情况，因为在第一阶段，只有我一个人单枪匹马地活动着。我觉得这里只能介绍一些自己在其中仍发挥过重要作用的新发现，特别是有关自恋、本能论以及将精神分析学用于精神病方面的新发现。

首先我要作一点补充，随着经验的日益积累，可以越来越明显地看到，俄狄浦斯情结乃是神经症的症结所在。它既

---

① 英译注：参见弗洛伊德介绍一本战争性神经症著作的文章（1919年）。
② 英译注：在这之后，弗洛伊德实际上还积极地工作了十二年多的时间（见作者1935年补记的前面部分）。

是幼儿时期性生活的顶点，又是以后各阶段发展的起点。然而，如果仅仅是这样的话，那就别再指望精神分析学在神经症的病因中会发现一种特殊的因素。事实上，正如荣格早年还是个精神分析学家时就精辟指出的那样，神经症并无唯其独有的特殊内容，神经症的病因主要是神经症患者碰到障碍就垮了下来，而正常人则能够顺利地克服障碍。这一发现是比较令人鼓舞的。它和另外一种发现完全相符：精神分析学所揭示的深度心理学，实际上就是正常人的心理学。我们的道路有点和化学相似：物质之间性质的差别，就在于物质中结合的同种原素在量的比例上的差异。

在俄狄浦斯情结中可以看到，里比多依附的是父母的意象。不过，再早一些时候，那里还没有父母意象这样的客体。这样便产生了一种情况（它对里比多理论极其重要），个人身上的里比多把自我注得满满的，并将自我作为依附的客体。这种情况可以称之为自恋或自爱（self-love）。我们只要稍加思索便可知道，这种情况是不会完全停止的。在人的一生中，自我始终是一个巨大的里比多贮存库，里比多由那里向客体贯注[1]，又可以从客体身上流回原处[2]。这样自恋性里比多（narcissistic libido）不断地转为客体

---

[1] 中译注：客体贯注（object—cathexes），指能量贯注于身外的客体。能量贯注于自身的是全自恋贯注（narcissistic-cathexes）。
[2] 英译注：有关这一论述，可见《标准版》第十九卷《自我与伊德》附录B。

里比多（object libido），客体里比多也不断地转为自恋性里比多。至于这样一种转换能达到何种程度，爱的情况就是最好的例证，不管是性爱还是升华了的爱，它都会发展到牺牲自己①的地步。鉴于以前对压抑过程的探讨只注意被压抑的东西，因此，有了上面这些观点，还可以对压抑的力量作出正确的评价。过去一般都认为，压抑是由自我中的自我保护本能（insitincts of self-preservation，即自我本能ego-instincts）引起的，专门用来对付里比多本能。现在由于认识到自我保护本能同样具有里比多的性质，是一种自恋性里比多，这样，压抑过程就可以看成是里比多内部的一种过程；以自恋性里比多反对客体里比多，以自我保护的力量对抗爱恋客体的要求，也就是对抗狭义的性欲要求。

在心理学中，最为紧迫的任务莫过于需要建立一种关于本能的坚实可靠的理论，有了这种理论，心理学才有可能继续向前发展②。可是在这方面，所需要的理论尚未出现，精神分析学就不得不做一些尝试和摸索。精神分析学先把自我本能（自我保护本能、饥饿）与里比多本能（爱）作了区别，

---

①中译注：在精神分析学中，自我（ego）和自己（self）是两个不同的概念，属于不同的参照系，"自我"属于把人格看成是一种结构的存观参照系，"自己"则属于把人格看成是一种经验的现象学参照系。

②英译注：有关弗洛伊德在本能问题上的观点发展情况，编者在弗洛伊德的《本能及其变化》一文所加的按语中作过一些说明，见《标准版》第十四卷第113页。

后来又代之以一种新的区别，自恋性里比多和客体里比多的区别。当然这还不是最后的定论，从生物学的角度考虑，似乎还不能满足于这种只存在一类本能的假设。

在我后期一些著作中〔如《超越唯乐原则》（1920年）、《群体心理学与自我的分析》（1921年）、《自我与伊德》（1923年）等〕，我一改长久以来的自我克制状况，尽量地让自己去沉思默想，我还考虑了解决本能问题的新方法。我用厄洛斯①的概念把自我保护和保护人类两种本能结合在一起，使之与默默地起作用的死亡本能（或称毁灭本能）相对应。一般来说，本能是一种有伸缩性的生物体，一种要恢复某种曾经存在过，但由于外界干扰而销声匿迹的情境的冲动。从复旧的强迫性（compulsion to repeat）的现象中，就可以看到本能的这种基本的保守性。在这个意义上，生命给我们展现的图像，就是厄洛斯与死亡本能相互斗争、相互作用的结果。

上述构想是否可行，还有待于进一步观察。尽管这一构想原先只是为了最终确定精神分析学中某些最为重要的理论观点，但到后来，它已远远超出了精神分析学的范畴。我经常听到人们用一种轻蔑的口气谈论说，就一门学科而言，如果其最普通的概念像精神分析学中的里比多或本能概念那

---

①中译注：厄洛斯是希腊神话中的爱神，弗洛伊德用厄洛斯来指生命力和性的本能，他早先还曾采纳斯泰克尔的说法，把塔纳托斯——死神——作为死本能的代名词，后来，斯泰克尔背离弗洛伊德以后，弗洛伊德就不再使用这个词了。

样含糊不清，那就算不上是一门真正的科学。我认为，这种指责完全是一种误解。对精神科学来说，只有把某一领域中的各项事实纳入逻辑体系的框架之中，才能做到基本概念清晰，定义明确。但是，在包括心理学在内的自然科学领域，要求普通概念做到精确无误，不但没有必要，而且也不可能。在动物学和植物学创建的时候，动植物还没有什么确切的定义；即便在今天，生物学仍然不能给生命的概念以确定的含义。又如物理学，假如当初要等物体、力、万有引力之类的概念达到理想的清晰度和精确度，那么这门学科一定还在创立阶段原地踏步。在所有的学科中，那些最基本或者最普通的概念，起先总是不明确的，开始只能根据产生概念的那些现象来解释；只有对所观察的材料作了逐次的分析之后，才能使概念清晰明确，从而找到一种有效的、固定的含义。①我始终觉得，人们拒绝将精神分析学与其他学科一视同仁，是极不公道的。这种拒绝就表现在他们提出的种种极其顽固的反对意见中。精神分析学一再被斥责为缺乏全面性和完整性，然而，大家都知道：以观察为基础的学科，成果只能一项一项地搞，问题只能一步一步地解决，除此之外别无其他道路可以选择。还有，当我在尽力使长期被人否定的性功能的作用得到承认时，有人把精

---

① 英译注：本段后面的文字皆为1935年增补，可惜在1948年的德文版中被遗漏了。

神分析学理论诬蔑为"泛性论";当我在强调长期被忽视的幼儿时期偶然印象的重要性时,有人却认为精神分析学在否认体质和遗传的因素——其实,这样的事我连想都没有想过。由此可见,人们的抵制已经到了不惜任何代价,极尽攻击之能事的地步了。

实际上,我在早期阶段的研究中就试图以精神分所学的观察为基础,形成一些更具有普遍意义的观点。我在1911年发表的短文《论精神功能活动的两种原则》中,就注意到(当然并不是什么创新)精神生活中唯乐—痛苦原则(pleasure-unpleasure principle)的支配作用,以及所谓唯实原则(reality Principle)对前一原则的替代。后来(在1915年),我又曾试图创立一种"心理玄学"(Metapsychology)。那是一种将所有的精神过程从三个参照系加以考虑的研究方法,我把它们分别称为动力的(dynamic)、形态的(topographical)和经济的(economic);在我看来,这似乎体现了心理学所能达到的最终目标。然而,这一尝试始终未能完成;在我写了《本能及其变化》(1915年)、《压抑》(1915年)、《无意识》(1915年)、《悲伤与忧郁症》(1917年)等文章后[1],鉴于

---

[1] 英译注:欧内斯特·琼斯在《弗洛伊德传记》(1955年,第209页)中指出,上面这些以及另外七篇已经散失的文章实际上都写于1915年。见《心理玄学》的编者注,《标准版》第十四卷第105页。

那时要作出理论性预测还为时过早，我便把这项工作停了下来，此举看来也许还是比较明智的。我在新近发表的一些纯理论的著作中，根据对病理材料的分析观察，已经在着手解析人的精神结构了，我把人的精神结构分为三个部分：自我（ego），伊德（id）和超我（super-ego）[1]，超我就是因俄狄浦斯情结而产生的，它体现了人类的伦理标准。

我希望这些介绍不会使人产生一种印象[2]，好像我在后期阶段已经放弃了对病人的观察，只是一味地沉思默想。其实，在这段时间里，我时时都在接触精神分析的材料，对于临床或技术方面的一些关键细节，也没有停止过研究。即使在我停止观察以后，我也处处小心，避免与哲学本身发生任何牵连。在这一点上，我自身的条件也不允许我去接触哲学。不过，对于费希纳[3]的观点，我向来是赞同的，而且在许多重要问题的看法上曾追随过这位思想家[4]。精神分析学在很大程度上与叔本华[5]的哲学见解相似，叔本华不仅强调情感

---

[1] 英译注：见《自我与伊德》（1923年）。
[2] 英译注：本段在1924、1928和1948年的版本中均由小号字体印出。
[3] 中译注：费希纳（Gustav Theodor Fechner，1801–1887年），德国物理学家和哲学家。
[4] 英译注：费希纳的影响尤其表现在"恒常性原理"（参见《超越唯乐原则》，《标准版》第十八卷第8–9页），以及精神形态学的概念上（参见《标准版》第五卷第536页），另外，还可以参考弗洛伊德《论玩笑》一书（1905年）第四章中的某些段落。
[5] 中译注：叔本华（Authur Schopenhauer，1788–1860年），德国哲学家。

的支配作用和性的极端重要性,他甚至还意识到压抑机制,但是,这并不能说是因为我熟悉了他的学说。我是一直到晚年,才拜读了叔本华的大作的。另一位哲人尼采[③]的猜测和直觉,与精神分析学辛勤研究的成果也常常会出现惊人的一致,正是由于这个缘故,我有很长时间尽量避免和他接触;我这样做主要是想让自己的思想免受干扰,我倒不在乎哪些观点是谁先提出的。

精神分析学的第一项、而且在相当长一段时间内唯一的一项研究课题,就是神经症。精神分析学家都不会怀疑,在医学上把神经症从精神病(psychoses)中划分出来,归入器质性神经性疾病的做法是错误的。神经症的理论不但是精神病学(Psychiatry)的一个部分,也是精神病学不可缺少的先行理论。不过,精神分析学对精神病的研究看来还不能实际运用,它对该病还不能产生疗效。一般地说,精神病人缺乏形成正移情(Positive transference)[②]的能力,所以这一主要的分析手段对他们并不适用。但毕竟还是可以找到许多探讨的方法,何况在一般情况下,移情并不会消失到一点儿也

---

①中译注:尼采(Friedrich Wilhelm Nietzsche,1844—1900年),德国哲学家。
②中译注:正移情又称里比多移情(libidinal transference),指精神分析中患者对父母的依恋或情感移向医生,这是神经症患者才有的移情。有的分析家认为,精神病患者也会产生一种移情,但通常是敌对的情绪,这是负移情(negative transference)。

不能利用的地步：精神分析学在周期性抑郁症、轻度偏执变态和局部精神分裂症方面，已经取得了无可怀疑的成就。另外，有许多病例到底是精神神经症还是早发性痴呆，往往要拖很长时间才能确诊，精神分析学在这方面至少已经给医学带来了一点好处；因为，为治疗此类病症而进行的尝试尚未结束，就已经发现不少很有价值的东西。然而最值得注意的是，在神经症中必须花大力气才能从内心深处发掘出来的许多东西，在精神病的表层就能找到，而且是有目共睹的。因此，精神分析学的许多主张，可以在精神病诊疗所里得到最有力的证实。这也说明，精神分析学一定会在不久的将来以精神病学的观察对象作为研究材料。我在很早的时候（1896年）就确认，在类偏狂型早发性痴呆症中存在着与神经症相同的致病因素、情绪性情结。[1]荣格在1907年联系病人的生活经历，解释了痴呆者身上某些最不可思议的刻板动作；布洛伊勒于1906年证实，各种精神病中都有类似于精神分析学在神经症患者身上发现的那些机制。从那以后，精神分析学家一直在坚持不懈地设法去认识精神病。尤其是用了自恋概念之后，他们在某些方面对这种病已经有了一些认识。当然，绝大部分材料是亚伯拉罕在1912年阐述忧郁症时获得的。必须承认，我们在这一领域里的所有知识还没有转化为治疗手

---

[1] 英译注：见弗洛伊德第二篇论述"防御性神经症"（1896年）的论文第三部分。

段；可是，理论上的收获也不容小看，我们可以期待着它运用到实践中去。我相信，将来总有一天，精神病学家们也会承认他们自己的临床材料就具有无可否认的说服力。目前，德国精神病学界正在受到精神分析学观点的"和平渗透"。尽管他们还在不断声明他们永远不会成为精神分析学家，永远不会属于这个"正统"学派或者赞同其夸大失实的观点，并且尤其不会相信性的因素的影响力，但还是有许多年轻的精神病学家接受了精神分析学说的某些理论，以他们自己的方式应用到工作中去。所有这些现象表明，下一步的发展将继续朝着这个方向前进。

精神分析学的应用

现在，我要隔开一段距离，来看看精神分析学介绍到过去长期进行抵制的法国后出现的一些征兆性反应。这些反应好像是我以前某种经历的重现，然而，它又有其自己的特点。人们提出的反对意见简单得令人难以相信，比如有人认为迂腐、粗俗的精神分析术语伤了敏感的法国人的感情（这不禁使人想起莱辛笔下的不朽人物，谢瓦利埃·李考特·德·拉·马立南[①]）。还有

[①]英译注：李考特是莱辛的代表剧作之一《明娜·冯·巴尔赫姆》中的喜剧人物，很有福气的法国士兵。他在赌牌时听到自己的精明手法被说成是欺骗时，惊奇地说道："怎么，小姐？你把这叫做'欺骗'？替运道助一臂之力，把它掌握在自己手指底下，赌起来更有把握吧。你们德国人把这个叫做'欺骗'？欺骗！呵，德语是多么贫乏的一种语言；多么笨拙的一种语言呀！"（参见：莱辛《戏剧两种》第86页，上海译文出版社1980年版）

一种评论口气更为严重（巴黎大学一位心理学教授觉得这并不有失于他的身份）：精神分析学的整个思维方式与拉丁民族的特性是格格不入的。这样，他显然把精神分析学的支持者、法国的盎格鲁—撒克逊盟友给抛弃了。因此，凡是听到这种评论的人都会以为，精神分析学是日耳曼民族特性的宠儿，它自诞生之时起，就被紧紧搂在怀中。

在法国，首先是文人对精神分析学发生了兴趣。要了解这一点就必须记住，自从开始撰写《梦的解析》，精神分析学就已经不再是一门纯医学的学科了。从它在德国出现，到露面于法国这段时间中，精神分析学被大量应用到文学和美学、宗教史、史前史、神话学、民俗学、教育学等各个领域。这些学科和医学本来没有多少关系，它们实际上只是通过精神分析学才和医学有了联系。因此我无权在这里详细描述这些方面的问题。①然而，我也不愿一字不提地把它们打发过去，因为一方面，它们对于正确评价精神分析学的性质和意义是必不可少的，另一方面，我毕竟已经答应对自己毕生的工作作一全面的记述。精神分析学在上述领域中的应用，其开端大部分可以在我的论著中找到。为了满足自己在医学以外的一些兴趣，我在各方面都曾做过一些小小的尝试。后来，其

---

①英译注：应该注意的是，这个自传本是医学界人物自传丛书中的一部分。

他人（其中不仅有医生，还有各个领域中的专家）就按照我的路子，进一步深入到许多不同的领域中去。但是，由于计划只允许我谈谈自己在这些应用方面所做的工作，所以，我只能对精神分析学应用的程度和价值作一个很不充分的描述。

俄狄浦斯情结给我很多启示，我渐渐认识到，这种情结是无所不在的。诗人为什么选择或者构思这样一种可怕的主题，似乎令人难以捉摸；同样使人费解的是，为什么它通过戏剧性处理后能产生巨大的效果，这类命运悲剧为什么会具有一种普遍性。然而，一旦认识到诗人在人类精神生活的所有情感中抓住了一条普遍规律，那么上述情况也就容易理解了。命运与神谕，无非是一种内在必然性的具体表现；而男主人公不知不觉违心地犯罪这一事实，显然真实地体现了他犯罪倾向的无意识性。认识这出命运悲剧，仅仅是理解性格悲剧《哈姆雷特》的第一步，《哈姆雷特》三百年来广为人们赞赏，却没有人去揭示它的含义，也没有人揣测过剧作者的创作动机。诗人创造的那个神经质人物，竟和现实世界中无数的他一样，为俄狄浦斯情结所苦，这并非是一种巧合。因为，哈姆雷特面临一项艰巨的任务，为了两件事，即俄狄浦斯情结的主旨，向另一个人复仇；但事到临头，他身上隐隐约约的犯罪感使他手脚发软。莎士比亚创作《哈姆雷特》，是在他父亲刚去世不久。①我对分析这出悲剧提出的一些意见，②后来由欧内斯特·琼斯圆满地解决了（1910年）。奥托·兰克不久也以此剧为例，作为他探讨剧作家选材问题的出发点。兰克在论述乱伦主题的大部头著作中指出，③富有想象力的作家极为频繁地将俄狄浦斯情结作为他们创作的主题，他还在世界各国的文学中探索了改变、缓和和柔化这种素材的情况。

从上面这一点出发，进而尝试分析一般诗歌和艺术作品的创作情况，是很吸引人的。我把想象的领域看成是为了提

---

①作者1935年补注：这一解释我想明确把它收回。我不再认为那位斯特拉福的演员就是威廉·莎士比亚。自从J.T.卢尼（J.T.Looney）于1920年写了《莎士比亚辨》以后，我几乎相信用这个化名的真正作者，是牛津伯爵爱德华·德维尔。

［英译注：1935年，本书的英译者收到这条补注后不禁愕然，随即致函弗洛伊德，请他再考虑考虑——问题不在于这一说法是否真实，而是要考虑一下这条注释在一般英国读者中可能会引起的反响，尤其是本书作者提到的那个倒霉的名字。弗洛伊德非常大度地作了回复，这一点从信中摘译的一段中便可看出。回信写于1935年8月29日。"……至于这条莎士比亚——牛津的注解，你的建议使我落到一种反常的地步——为了某种利益而无原则地进行妥协。我无法理解英国人对这个问题的态度，爱德华·德维尔肯定和威廉·莎士比亚一样是个英国人。但是，既然这件是与精神分析学关心的问题关系不大，既然你那么郑重其事地要我不说为好，那就把它删去吧，或者只放这么一句话，'鉴于某些特殊原因，本人不再强调这个问题。'不过，在美国的版本中我倒想保留完整的注解。在那儿用不到担心这种自恋性的防御……"结果，在1935年的英国版本中这条脚注是："鉴于某些特殊原因，本人不想再强调这个问题。"］

②英译注：弗洛伊德在首版《梦的解析》中就提出了他的想法，参见《标准版》第四卷第264页。

③中译注：奥托·兰克：《诗歌与传说中的乱伦主题》，维也纳，1912年版。

供一种替代物来代替现实生活中已被放弃的本能满足、唯乐原则向唯实原则痛苦地转变期间所产生的一块"保留地"。艺术家就像神经症患者一样，他退出无法得到满足的现实世界，进入一种想象的世界；但是，他又不同于神经症患者，他知道如何寻找一条回去的途径，并再在现实中获得一个坚实的立足点。艺术家的创造物——艺术作品——恰如梦一般，是无意识愿望在想象中的满足；艺术作品像梦一样，具有调和的性质，因为它们也不得不避免与压抑的力量发生任何公开的冲突。不过，艺术作品又不像梦中那些以自我为中心的自恋性的产物，因为艺术作品旨在引起他人的共鸣，唤起并满足他人相同的无意识的愿望冲动。除此之外，艺术作品还利用了形式美的知觉快感，就像我所称的"刺激的奖赏"（incentive-bonus）。精神分析学所能做的工作，就是找出艺术家的生活印记及意外的经历与其作品间的内在联系，并根据这种联系来解释他的精神素质，以及活动于其中的本能冲动——也就是说，他和所有的人身上都存在的那部分东西。[1]例如，我曾带着这一念头，对列奥纳多·达·芬奇进行了研究（1910年），我的研究基于达·芬奇本人对童年时代的一次回忆，主要想解释《圣母子与圣安娜》这幅作品。从那以后，我的朋友和学生对艺术家及其作品作了大量

---

[1]英译注：参见弗洛伊德1908年写的《创造性作家与昼梦》。

的精神分析。人们似乎并没有因为从这样的分析中知道了一点东西而破坏了欣赏艺术品的情趣。外行人在这方面也许对精神分析学期望过高,因为必须承认,对他们可能最感兴趣的两个问题,精神分析学无法加以阐述。它既不能说明艺术天才的本质,也无法解释艺术家创作中运用的方法——艺术技巧。

我曾通过W.耶森[①]写的一篇本身价值并不大的短篇小说《格拉狄瓦》来说明,可以用解释真梦的方法来解释虚构的梦,在"梦的工作"中我们熟悉的那些无意识机制在创作过程中也同样在起作用。我的《玩笑及其与无意识的关系》(1905年)是一本讨论非本质性问题的书,是《梦的解析》的间接产物。当时我唯一的一位对我的研究很感兴趣的朋友告诉我,他常常觉得我的释梦工作好像是在开玩笑。[②]为了弄清这种印象,我开始研究起玩笑,我发现开玩笑的关键在于玩笑中使用的那些技巧,它们和"梦的工作"中所使用的方法——即凝缩、移位、以及以事物的对立面或一件非常细小的事来再现某一事物等等——是相同的。这样,就可以很省事地了解到笑话引起的高度快感的原因。其原因就是,由于他人提供的快感(前期快感)奖赏所产生的吸引力,使得用

[①]中译注:耶森(Wilhelm Jensen, 1837—1911年),德国作家。
[②]英译注:这位朋友就是威廉·佛里斯(Wilhelm Fliess)。参见《梦的解释》中的一条脚注,《标准版》第四卷第297—298页。

于维持压抑的能量暂时停止了在这方面的消耗。

我对自己在宗教心理学方面所作的贡献评价较高，这一工作是以证实强迫行为与宗教活动或仪式有着惊人的相似性（1907年）为开端的。那时，我对两者之间的深层关系还未了解，就认为强迫性神经症是变相的个人宗教，而宗教则是一种普遍性的强迫神经症。后来荣格在1912年令人信服地指出，神经症患者的精神产物和原始人的精神产物之间有着广泛的相似性，这才使我把注意力转到这个问题上来。我在收于《图腾与禁忌》（1912—1913年）一书的四篇文章中指出，原始人对乱伦的憎恶甚至比文明人更为显著，为此，他们订立了专门性的防范措施；我考察过禁律（表现为道德约束的最初形式）与矛盾心理（ambivalence）①之间的关系；通过宣扬"泛灵论"的原始宇宙观，我还发现了过高估价心理现实意义的原则——对"思维万能"的信仰，其根基也在于巫术。我将它与强迫性神经症作了全面的比较后指出，许多关于原始人精神生活的假设在那种奇异的病症中仍能适用。然而，使我最感兴趣的，还是图腾崇拜（totemism）——原始部落中最早的组织体制，它把初期的宗教和少数占绝对优势的禁律与处于萌芽阶段的社会秩序连为一体。被尊崇者始终是一只动

---

①中译注：布洛伊勒首先用这个概念来说明一个对象身上同时存在着对立的冲动、情感或意向。后来一般用于指一种既爱又恨的倾向。

物，氏族声称他们就是该动物的后裔。许多迹象表明，每一个民族，即使是最文明的民族，都曾经过图腾崇拜这个阶段。

我在这一领域研究的主要文字来源，[①]就是J.G.弗雷泽[②]的几部名著（《图腾崇拜和异族通婚》、《金枝集》），那里荟集了许多重要的材料和观点。但是，弗雷泽在阐述图腾崇拜方面并没有什么影响；他在这个问题上观点有过几次重大改变，别的人类学家和史学家的看法似乎也游移不定，并且很不一致。我研究的前提是，图腾崇拜的两条禁忌（不准杀害图腾、不准与同一图腾氏族中的妇女发生性关系）与俄狄浦斯情结的两要素（弑父娶母）之间有着明显的一致性。因此，我就想把图腾兽与父亲等同起来；其实，原始人显然就是这么做的，他们把图腾兽尊为氏族的祖先。后来，精神分析学方面提供的两项事实也帮助了我，第一，由于费伦茨正巧对一个儿童做了一次成功的观察（1913年），因而就有可能谈论"幼儿时期图腾崇拜回复"的问题；第二，对儿童身上早期恐兽症的分析经常显示，动物就是父亲的替代物，在此，俄狄浦斯情结引起的惧父心理转变成了对于种替代物的恐惧。这样，只要再进一步，就可以把弑父看成是图腾崇

---

①英译注：本段及下面一段在1924、1928和1948年的版本中均由小号字体印出。
②中译注：J.G.弗雷泽（James George Frazer，1854—1941年），英国著名人类学家和民俗学家。

拜的核心、宗教形成的起点。

在我接触到W.罗伯逊·史密斯①的《闪米特人的宗教信仰》一书以后，所缺的部分得到了补充。史密斯是一位很有才华的作者，同时又是物理学家、圣经研究专家。他在介绍所谓的"图腾餐"（totem-meal）时，认为这是图腾崇拜教中的一项基本内容。每年一度，平日被视为神圣不可侵犯的图腾兽，在庄严肃穆的气氛中当着全氏族成员的面被宰杀、吞食，然后再受到哀悼。哀悼之后，便出现了盛大的宴乐场面。达尔文曾经假设人类最初都以部落为生，每个部落由一位强悍凶暴、又好妒忌的男子统治着，当我进一步考虑这种情况的时候，我眼前出现了下面一些假想，确切地说，是一种幻象：原始部落中的父亲由于是个不受任何约束的独裁者，因此霸占了部落中所有的女人；他把儿子当作危险的情敌，将他们都赶尽杀绝。有一天儿子们终于聚集在一起，合力推翻、杀死并吞噬了他们的仇敌、同时也曾是他们的理想——父亲。这一行动之后，他们相互之间发生了利害冲突，因而谁也无法继承父亲的地位。一系列的失败和悔恨，使他们懂得了在彼此间应达成一项协议；他们通过为防止再发生此类事情而举行的图腾仪式团结在一起，组成了一个以

---

①中译注：W.罗伯逊·史密斯（W.Robertson smith, 1846—1894年），苏格兰闪米特研究专家。

兄弟为主体的氏族,并一致同意放弃对那些引起他们杀父的女人的占有权,在这种情况下,他们只好去找外族女人,这就是与图腾崇拜有着密切联系的异族通婚的起缘。而图腾餐是上述可怕行为的节日纪念仪式,它是人类犯罪感(或曰"原罪"[original sin])的起源,也是社会体制、宗教以及伦理道德约束的发端。

现在,不论我们假设也好,不假设也好,这样一种可能发生过的历史事件不仅使宗教形成于父亲情结的范围之中,而且还以支配这一情结的矛盾心理作为宗教的基础。当图腾兽不再成为父亲的替代物之后,这位既可畏又可憎、既受尊敬又被妒忌的原始父亲,便成了上帝的原型。儿子对父亲的反抗与挚爱既彼此冲突,同时又不断地进行妥协,即一方面试图赎弑亲之罪,另一方面还想保住自己已经获得的好处。这种宗教观极其清晰地表明了基督教的心理基础,我们知道,图腾餐仪式在基督教中仍旧以圣餐的形式保留了下来,只是稍有了些改动。不过我想说明一下,这最后一点不是我的创见,我们可以在罗伯逊·史密斯和弗雷泽的著作中找到他们的有关论述。

人类学家西奥多·莱克(Theodor Reik)和G.罗海姆(G.Roheim)根据我在《图腾与禁忌》中的思路,在上述方面继续进行了探讨,他们在一系列重要著作中对我的思想加以发展、深化并作了修正。后来，在研究"无意识犯罪感"（它在神经症的受苦动机中也起着重要的作用）的过程中，在进一步建立社会心理学和个体心理学联系的尝试中，我又不止一次地回到上面那些问题。① 除此以外，我在解释催眠的易感性时，还采用了人类发展过程中"原始部落"时期的古代遗物这一观点。②

虽然我很少将精神分析学应用于其他方面，然而这类的应用还是很吸引人的。从神经症患者的妄想到人们在神话、传奇、童话中表现的想象创造，其实只有一步之隔。奥托·兰克把神话学作为他研究的一个专门领域；对神话进行解释、把神话追溯到所熟悉的幼儿时期的无意识情绪以及用人类动机说取代星相说等所有这些工作很大程度上应归功于兰克的分析研究。此外，我的信从者中研究象征的也大有人在。象征给精神分析学招来了不少敌人；有许多头脑平庸的研究者，他们对精神分析学由释梦进而认识象征，从来没有宽容过。然而，象征并不是精神分析学先发现的，因为在其他思维领域里（如民间传说、传奇和神话），象征早已为人们所熟悉，它在这些领域里所起的作用，比其在"梦的语言"中的作用还要大。

---

① 英译注：见《自我与伊德》（1923年）、《群体心理学与自我的分析》（1921年）。
② 英译注：参见《标准版》第十八卷第125页。

我本人对精神分析学在教育方面的应用,并没有作出什么贡献。不过,精神分析学有关儿童性生活和精神发展的发现,自然而然地会引起教育家们的关注,使他们用一种新的眼光看待教育问题。苏黎世的新教牧师奥斯卡·普菲斯特博士[1],在这些方面是一位孜孜不倦的开拓者;他觉得精神分析学的实施和保持自己的宗教信仰并没有什么抵触,虽说后者的确是一种升华了的东西。和他一起从事这方面工作的人当中,我还可以举出维也纳人霍格—海尔姆特博士(Frau Dr. Hug-Hellmuth)和S.伯恩费尔德博士(Dr. S.Bernfeld)。[2]将精神分析学用于健康儿童的预防性教育、用于矫正虽然不是神经症患者但已偏离正常发展的人,其效果是很有实用价值的。现在,想把精神分析的应用限于医生而旁人无权过问的做法已经行不通了。事实上,医生即使持有文凭证书,但是如果没有受过专门训练,在精神分析方面也依然是个门外汉。而有的人虽然不是医生,经过适当的培训,必要时再请教一下医生,那么,他不但可以对儿童,也可以对神经症患者进行分析治疗。[3]

---

[1]英译注:参见弗洛伊德为普菲斯特一书所写的序言(1913年)。
[2]作者1935年补注:自从写了上述文字以来,特别在对儿童的精神分析方面,由于梅拉尼·克莱恩夫人(Melanie Klein)和我的女儿安娜·弗洛伊德的努力,已经有了很大程度的进展。
[3]英译注:参见《非专业性精神分析学问题》(1926年),《标准版》第二十卷第183页。

由于精神分析学的发展（要反对它已经无济于事），"精神分析学"这个词语也变得含糊不清了。"精神分析学"原先只是指一种独特的治疗方法，如今，它已成为一门学科——无意识精神过程学的名称了。精神分析学本身很少能够独立地、完满地解决某个问题，然而，它仿佛注定要向许多知识领域提供有益的帮助。精神分析学的应用范围现在已经和心理学一样广泛，它对心理学是一种极其重要的补充。

回顾我这一生各种各样的工作，可以说，我在很多方面已经起了个头，提出了不少建议。将来从那里也许会产生某些结果，然而是多是少我却无法预料。但是我希望我为大力发展我们的知识，开辟了一条新的道路。[1]

---

[1] 英译注：最后一句话是作者1935年补加的。

补 记

（1935年）

就我所知，这套自传丛书的编者实际上并没有考虑到经过一段时间以后，那些自传可能需要添补个续篇；看来眼下只有我在做这方面的工作。我是在一家美国出版公司[1]表示希望出本新版自传以后，开始动笔的。我的这部著作以《自传》为题，于1927年在美国首次问世（由布伦塔诺公司出版），可是，由于考虑欠周，自传和我的另一篇文章编成了一书，并用后一篇篇名《非专业性精神分析学问题》作为书名，这样人们就无法知道还有自传这一部分。

---

[1] 英译注：纽约W·W·诺顿出版公司。

我的自传有两个主题贯穿于始终：我个人的经历和精神分析学的历史。这两条线是互相交织，密不可分的。这本《自传》既展述了精神分析学是如何占据我的全部生活的，又如实地告诉人们，我个人生活中没有任何其他经历能够超过我和精神分析学的关系。

就在我写这本自传的前不久，我患的恶性肿瘤又一次复发，当时似乎就要辞别于世了；好在1923年做了一次外科手术，使我活了下来，并能继续工作了，但自那以后，我再也无法摆脱病痛的折磨。在以后的十多年里，我从未停止过精神分析学的研究工作，也没有放下过手中的笔——我十二卷德文版选集①的完成就是一个证明，不过我自己觉得，我已经有了很大的变化。过去在发展过程中交缠在一起的许多线索如今已开始分离；我后半生的兴趣爱好在逐渐减退，而早先的那些兴趣则又一次浓厚起来。虽说近十年来，我的确在精神分析学方面做了一些重要的工作，比如我在《抑制、症状和焦虑》（1926年）一书中对焦虑问题作了修正，一年之后，我又对恋性"癖"作了简要的说明。

但是也必须承认，自从我提出了两种本能（厄洛斯和死亡本能）存在的假说，自从我把精神人格分为自我、超我和伊德（1923年）以后，我在精神分析学方面没有做出什么重

---

①英译注：德文版选集（1924—1934年）。

大的贡献；后来，我在这方面的文章也写得比较一般，有的成文以后就有人加以补充。之所以出现这种情况，一方面与我本人的变化有关，另一方面也和我所处的退化期有关。我这辈子沿着自然科学、医学和精神疗法绕了一个圈子，最后兴趣又回到了早年刚能思考问题时就便我为之入迷的文明问题上。1912年，在我的精神分析学研究处于巅峰期时，我就已试图在《图腾与禁忌》中用精神分析学的新发现去探讨宗教与道德的起源。后来我在《幻觉的未来》（1927年）和《文明及其不满》（1930年）两篇文章中，把这一工作又向前推了一步。我更加清楚地看到，人类历史中的重大事件，即人性、文明的发展和原始经验的积淀（宗教便是最明显的例子），三者之间的相互作用，只不过是精神分析学在个体身上所研究的自我、伊德和超我三者动力冲突的一种反映，是同一过程在更广阔的舞台上的再现。在《幻觉的来来》中，我对宗教基本上作了否定。不久我又找到了一个更适合于宗教的公式：尽管宗教的力量来自它所包含的真理之中，然而那种真理并不是一种实在的（material）真理，而是一种历史的（historical）真理。（英译：参见《摩西与一神教》第三章第二部分）

这些研究虽然都产生于精神分析学，但又远远超出了这一学科的范围，它们也许比精神分析学本身更能唤起公众的支持。后来我一度被误认为是一位像德国这样的大国都愿意领教一番的作家，可能也与上述研究有关。那是在1929年，德国人民公认的代言人托马斯·曼以他那深刻而又热情的话语，把我列入现代思想的发展史中。[①]不久，在我荣获1930年歌德奖之际，我的女儿安娜代表我去美因河畔的法兰克福市，参加在该市市政厅举行的授奖大会。[②]这是我公民生活的最高峰。不久以后，我们的山河日渐缩小，而德国也不再关心我们的情况了。

关于我的生平，我想就到此为止，读者也不必知道我更多的个人方面的事情，如我的奋斗、我的失望以及成功等等。不管怎么样，我觉得我在一些著作中（如《梦的解析》、《日常生活中的心理病理学》等）的记述，要比那些为同时代或后代写自传的人来得公开而坦率。不过，这样做没什么好处，从我个人的经验来说，我也不希望别人来学我的样子。

下面我要补充一些近十年来精神分析学史方面的情况。毫无疑问，精神分析学将会继续向前发展；因为它已经证明了自己的生存能力，证明了不仅能发展成为一门学科，而且也能成为一种治疗方法。支持这一学科（并加入国际精神分

[①]中译注：托马斯·曼（Thomas Mann，1875—1955年）德国著名作家，这里指的是曼于1929年发表的演说《弗洛伊德与未来》，他在演说中对弗洛伊德及其创立的精神分析学予以很高的评价。
[②]英译注：参见弗洛伊德1930年写的两篇文章。

析学会）的人在日益增多。除了以前就有的维也纳、柏林、布达佩斯、伦敦、荷兰、瑞士和苏俄[1]的地方组织之外，后来在巴黎、加尔各答也产生了这样的团体，日本建立了两个，美国也建立了若干个组织。就在不久前，耶路撒冷和南非的分会相继诞生，在斯堪的纳维亚也成立了两个地方团体。上述地方性协会纷纷拨出资金，资助（或筹建）培训部和诊疗所，培训部根据统一安排讲授精神分析疗法，而诊疗所内经验丰富的医生以及学生为经济困难的病人提供免费治疗。国际精神分析学会每两年举行一次大会，宣读科研论文，并决定组织方面的各项事宜。第十三届大会（那时我已无法亲临参加）于1934年在卢塞恩[2]召开。全体协会会员以基本的利益为共同的出发点，把他们的工作推向各个方面。他们有的致力于阐述并深化我们对心理学的认识，有的则注意与医学和精神病学保持联系。有的从实用方面考虑，在设法使精神分析学得到大学的承认，并列入医学专业的课程中，而另外一些人却自愿留在外面，他们决意要使精神分析学在教育领域的作用与它在医学领域一样重要。有时候，有些分析学家在不顾一切地强调精神分析学的某一发现或者某个观点时，常常会有孤立无援之感，然而，精神分析学给人的总印象还是令人满意的——它是在较高的层次上进行的严肃认真的研究工作。

---
[1] 英译注：在德文版全集中苏俄显然被遗漏了。英译本补入后得到了作者的认可。
[2] 中译注：瑞士一城市。

弗洛伊德解梦

弗洛伊德自传
The Autobiography of Sigmund Freud

梦的刺激和来源

俗话说,"梦产生于消化不良",这有助于我们了解梦的刺激和来源是何所指。在这些观念后面,包含了一个理论,这个理论认为梦是睡眠受干扰的结果。如果我们在睡眠中没有受到干扰,就不会有梦,梦就是对干扰的反应。

(一)外部(客观的)感觉刺激

有大量的这样刺激存在,包括那些不可避免的刺激——睡眠状态本身必须的或者时常必须容忍的——到那些偶然的,可以或足以唤醒睡眠的那些刺激:一道射入眼内的强光,一个可以听见的噪声,一些可以刺激鼻黏膜的强烈气味。通过我们睡眠中的无意识动作，我们可以使身体的某些部分暴露在外，使它们感受寒冷，或者通过姿势的改变，我们可以使自己产生压力和接触的感觉。在夜间，我们被一只蠓虫叮咬后，或者发生的某些小小的不幸事件，可能对我们几种感官立即产生影响。细心的观察者已经搜集到了一系列梦例，在清醒时可注意到的刺激与一部分梦的内容有着影响深远的关系，因此我们可以确定梦的来源为刺激。

我将引用耶森搜集的若干这一类梦例，它们可以找出客观的，或多或少是偶然的感觉刺激。

"每一种可感觉到的模糊的噪声可以引起相应的梦象。一阵雷鸣使我们置身战场；公鸡的啼叫可以化成一个人的惊叫；而吱吱嘎嘎的门声可以梦见窃贼入室。如果被子在夜晚滑下，我们可能梦见裸体行走或跌入水中。如果我们横躺在床上，双脚伸出床边，可以梦见站在吓人的悬崖边上或者从悬崖上掉下去。如果我们的头碰巧滑到枕头下面，我们就会梦见头上有一块高悬的岩石，它正要把我们压在身下。精液的储聚可以引起色梦，局部疼痛产生被虐待、被袭击或受伤的感觉……

"迈耶曾经梦见被几个人袭击，他们将他打翻在地，在他大脚趾和第二趾之间钉上了一根桩子。此时他从梦中惊醒过来，发现有一根稻草夹在他的两个脚趾之间。根据亨宁斯的记载，另一次，迈耶把他的衬衣紧紧缠在他的颈上，他梦见他被吊了起来。霍夫鲍尔梦到，在他年轻时从高墙上跌下，醒后发现他的床架塌了，他真的跌在地板上了……格雷戈里报道，有一次他睡觉时把脚放在了热水壶上，梦见了他爬上了埃特纳火山，地上热不可耐。另一个人睡眠时把膏药敷在了额上，梦见被一群印第安人剥取头皮；而第三个人，他穿了湿的睡衣，梦见被拖过一条小溪。在睡眠中，痛风突然发作，使病人在梦中认为自己在宗教法庭法官手中，在拉肢刑架上受尽折磨。"

如果慎重地对睡者施以感觉刺激和使他产生与这些刺激相关的梦内容，这样做如果有可能，则基于梦刺激与梦内容之间存在相似性的论点就可得到有力的证实。根据耶森引证的麦克尼希所言（在上述引文中），吉龙·德布泽莱格恩已经做了这种类型的实验。"他裸露自己的膝盖，梦见夜间乘坐在邮车内赶路。他对这一点评论道，旅行者一定知道夜间乘坐在邮车里膝部会如何受冷。又一次，他自己的后脑勺裸露着，则梦见了他站在室外参加宗教仪式。这只能这样解释，在他居住的地方，人们习惯于将头部遮盖，除了在举行宗教仪式时例外。"

莫里发表了对他自己所做的梦进行的一些新观察（其他一些实验则没有成功）：

1. 用羽毛刺痒他的口唇和鼻尖。——他梦见一种惊人的折磨：脸上贴上一层由沥青制成的面具，然后撕去，最终将他的皮给撕了下来。

2．把剪刀在镊子上摩擦。——他听见响亮的铃声，继之是警钟声，将他带回到了1848年革命的日子。

3．给闻一些科隆香水。——他梦见到了开罗，在约翰·玛丽亚·法林娜的店内。随之是一些记不清的荒唐冒险。

4．他的颈部被轻轻捏了一下。——他梦见医生正给他上芥末软膏，想到了儿时给他看病的医生。

5．一块热铁靠近他的面部。——他梦见"司炉"破门而入，强迫居民把双脚伸入燃烧的火盆内，迫使他们交出钱财。然后出现了阿布兰特公爵夫人，他想象他是她的秘书。

6．一滴水落在他的前额上。——他想象他此时在意大利，大汗淋漓，正在喝奥维托酒。

7．烛光透过一张红纸不断地照着他。——他梦见炎热至极的天气，然后出现了一场他曾经在英吉利海峡遇到的风暴。

赫维·德·圣丹尼斯、魏甘德和其他作者已经尝试用其他实验方法引发梦。

许多作者对"梦具有惊人的技巧，它们能把感官世界的突然感受编织进它们自身的结构，因此它们的出现就似一种预先安排好了的逐渐到来的结局"这句话作了评论。同一作者继续写道："我在青年时代，习惯用闹钟在固定的时间把我唤醒。无疑这闹钟产生的上百次响声与一个显然很长而有关联的梦相符合,尽管整个梦正在被引向那一事件,在合乎逻辑的、必不可少的高潮中达到它预定的结局。"

我将引用三个在其他方面有联系的这类闹钟的梦例。

福尔克特写道:"一位作曲家曾梦到他正在上课,并力求把问题向学生讲清楚。他讲完后,问一个男生是否听懂了,这个男生发疯似的叫喊道:'哦,是的!'他气愤地训斥男生不该高声喊叫,然而整个教室发出了阵阵叫声,先是'Orja!'接着是'Eurjo!'最后是'Feuerjo!'恰好此时他被街上一阵真正的'Feuerjo!'叫喊声惊醒了。"

加尼尔叙述到拿破仑一世在马车中入睡时被炸弹的爆炸声惊醒了。他梦见在奥地利人的炮击下,他正在再次越过塔格利蒙托河,最后惊起大喊:"我们遭到暗算了。"

莫里做过一个极为著名的梦。他抱病在家休息,他的母亲坐在他的旁边。他梦见此时正值大革命的恐怖统治期。在他目击了许多恐怖的杀戮景象后,最终他自己被带上了革命法庭。他在那里看见了罗伯斯庇尔、马拉、富基埃—坦维尔和其他在那恐怖日子里不妥协的英雄们。他受到他们的审问,在一些记不清的事件之后,他被判处死刑,并被带到在大量暴动者包围之中的行刑处。他走上断头台,被刽子手绑在木板上。木板翻起,断头台的刀片落下。他感觉到身首分离，在极度焦虑中醒来——发现床的顶板已经落下，正好击中了他的颈椎，与断头台上刀片落下铡他的方式相似。

这个梦成了洛兰和埃格在《哲学评论》上进行有趣讨论的基础。争论的关键在于梦者是否可能或如何在他感知唤醒刺激到他惊醒这一瞬间，将如此丰富的材料压缩进这一短暂的时间内。

这一类梦给人的印象是：在梦的所有来源中，最能肯定的是睡眠中的客观感觉刺激。而且常人普遍认为它们是梦的唯一来源。一个受过教育但对梦的文献不太熟悉的人在被问及梦是如何产生时，他一定会用某些他所遇到的梦例来回答。这个梦可以用他醒后发现的客观感觉刺激来解释。但是，科学研究不应仅停滞在此。在观察到的事实中，可以发现有值得进一步提出问题的地方，在睡眠中给予感觉的刺激并不是以真实的形式出现，而是被另一种通过某种方式与之有关的另一个意象所取代。但是，梦的刺激与刺激引发的梦之间的关系，引用莫里的话来说，"具有某种密切关系，但并不是那种独一无二的关系"。让我们思考一下希尔德布兰特三个闹钟的梦（1875）之间的这种联系。它们提出的问题是为什么同一种刺激会引起三个如此不同的梦，而且为什么恰恰引起这些梦而不是另外一些梦。

"我梦见一个春天的早晨，我正在散步，正在穿过绿色田野，向邻村走去，我看见村民们穿着盛装，带着赞美诗拥向教堂。当然，这是星期日，早礼拜即将开始。我决定也参加，但首先由于走得太热，就先到了教堂的院内凉快凉快。正当我读几块墓铭志时，看见敲钟者爬上了教堂阁楼。楼顶上，我看见有一只小钟，即将发出晨祷开始的信号。钟挂在那儿有相当长的一段时间没有动，最后它开始摇摆，突然发出清脆响亮的钟声，将我从睡眠中惊醒过来。然而敲响的却是闹钟。

"这是另一个梦例。那是一个明朗的冬日，街上积雪很深。我已同意乘坐雪橇参加一个聚会。但是，在被告知雪橇停在门口时，我已等了很长一段时间。接着，我准备上雪橇——将皮毡打开，将暖脚皮筒放好——最后我坐到了座位上。然而就在出发前的那一刻仍还有一些事情耽搁。直至马缰绳一拉，给等候的马发出信号，马匹才开始出发，一阵猛烈的摇晃，雪橇挂铃发出那熟悉的叮当声，这样强烈的铃声实际上一下子就撕破了我的梦网。事实上又是那闹钟的尖锐响声。

"现在列举第三个梦例。我看见一个厨房女仆，手捧着几打叠起的盘子，沿着过道向餐室走去。她捧着的那高高叠起的瓷盘有失去平衡的危险。我叫喊道：'小心！不然你的瓷盘会全部打碎。'她迅速作出了回答：她已相当习惯于这类工作，等等。但我仍焦急地盯着她那向前走的身影。接着，果然不出所料，她在门槛上绊了一下，那些易碎的盘子掉了下来，满地尽是盘子的碎片。但是那声音仍持续不断，不久似乎不再是瓷盘摔碎的破裂声，而是变成了一种铃声。在我醒来后我知道了，那是闹钟到了该闹的时候了。"

斯特姆培尔和冯特二人对为什么在梦中心灵会把接收到的客观感觉刺激弄错这个问题的答案几乎是相同的：在睡眠中，心灵在有利于形成错觉的情况下，接收到达它的刺激。感觉印象被我们所认识并被正确地理解了，也就是说，这个感觉印象被置于我们的记忆群中，只要这个印象有足够的强度、清晰和持续的时间，只要我们有足够的时间考虑这件事，根据我们过去的经历，它属于那个记忆群。如果这些条件不能实现，我们就会把印象来源的事物弄错：我们就对它产生了错觉。"如果一个人在空旷的乡间散步，看到远处一个模糊不清的物体，他最初可能认为它是一匹马。"到走近一些，他认为是一头躺着的牛，到最后能肯定地认出那是一群坐在地上的人。大脑在睡眠中从外界刺激所接收的印象具有一种相似的不确定性，在这个印象的基础上，大脑形成了错觉，因为或多或少的记忆景象由印象所引起，通过它们从而获得了精神价值。

（二）内部（主观的）感觉兴奋

尽管存在着各种各样的甚至是截然相反的看法，仍须承认，客观感觉兴奋对在睡眠中产生梦所起的作用是不容置疑的。如果这些刺激发生，从它们的性质和频率不足以解释每一个梦的景象，这就要求我们寻找产生类似作用的梦的其他来源。我不知道何时起人们突然将感觉器官的内部（主观）兴奋与外部感觉刺激放在了一起考虑。然而，最近有关梦的发生学的许多讨论，或多或少明显地涉及了这一点。冯特写道："通过那些在清醒状态时我们非常熟悉的主观的视觉和听觉，我们在梦中产生了错觉，如在我们的视野一片黑暗时，一片无形的光亮能被我们看见，就像耳中的铃响声或嗡嗡声，等等。它们中特别重要的是视网膜的主观兴奋性。这就可以解释在我们眼前，为什么梦中老是能呈现出这么大量类似或相同的物体。我们看见我们面前无数的飞鸟、蝴蝶、游鱼、色彩缤纷的彩泡和花朵，等等。在此黑暗中进入视野的闪烁尘埃呈现出一种虚幻的形状，它所组成的无数光斑点融入梦中，变成了相同数量的不同景象，由于它们的运动性，使人们把它们当做是正在运动的物体。——毫无疑问，这也是为什么在梦中常常出现各种各样动物形态的基础；而且，这种形式的不同变化宜于调节自身，而适应于主观发光景象的特定形式。"

作为梦景象的来源，主观感觉兴奋具有其明显的优势，即不像客观刺激那样有赖于外部变化。就如人们所说，只要它们需要解释，就可以随手拈来。但是，与客观感觉刺激相比较，它们的缺点在于，在引发梦的作用中，很少或并不能像客观感觉刺激那样通过进行观察或实验去证实。支持主观感觉兴奋激发产生梦的主要证据，可由所谓"睡前幻觉"或采用约翰内斯·米勒的术语"幻视现象"来提供。在即将入睡时，这些景象通常非常生动并变化迅速，它们容易产生，特别在某些人有产生的习惯；在眼睛睁开后，它们还能持续片刻。莫里非常容易感受到这种现象，并对此现象进行了详尽的分析，使它们保持（在他之前米勒也这样说过）与梦象的联系和真实的一致性。为了产生这些睡前幻觉，他认为，必须要求一定程度的精神被动性，使紧张的注意力放松。然而，为了产生睡前幻觉，只须进入这种嗜睡状态片刻就足够了（假使有事先准备的必要）。在这以后，人们或许再次醒来，这种过程可以重复几次，直到最后入睡。莫里发现，如果他在不太长的间隙之后再一次醒来，就能觉察在梦中出现的相同景象，这些景象就是在入睡前飘浮在他眼前的那些睡前幻觉。一次他出现这样一个情况，在他将要入睡前，看见一些脸孔扭曲、发式怪异的古怪人物形象，他们紧缠他不放，在他醒后仍能记起梦中见到的这些形象。另一次，他因为控制饮食而饿得发慌，他在睡前幻觉中，看见一只盘子和从盘子中叉取食物的一只握着叉子的手。而随后的梦，梦见了他坐在丰盛菜肴的餐桌旁，听到了进餐者用餐时的刀叉响声。又有一次，在睡前，他的双眼又胀又痛，在睡前的幻觉中他看到了一些微型字符，只能艰难地逐一加以辨认；一小时后他从梦中醒来，并记得在梦中他在读一本打开着的、字体极小的书，读得苦不堪言。

词语、名字等的幻听也能像幻视一样出现于睡前幻觉之中，然后可以再在梦中出现——就像在歌剧中序曲预示着主题曲即将到来一样。

新近一位睡前梦幻观察者G.特朗布尔·拉德沿用了米勒和莫里同样的方法。他经过实践，能够成功地使自己在逐渐入睡后2～5分钟突然醒来而不睁开眼睛。这样他就可以有机会将刚刚消失的视网膜感觉与保留在记忆中的梦象作一比较。他认为在每一个梦例中，都能发现在二者之间存在一种内在关系，因为视网膜上自动感受的光点和光线是梦中心灵感受到的形态的轮廓或图像。例如，视网膜上以平行线排列的亮点与他在梦中看到的、正清楚地展现在他面前的、他正在阅读的一些印刷线条相符合。或者，用他自己的话来说，"我在梦中正在阅读的清晰印刷页面，逐渐隐退成为一个在我清醒意识状态下的一部分真正的印刷页面，这页面就像我从远距离通过一张纸上的椭圆形小孔，去辨认一些片段文字，它们非常暗淡"。拉德的观点是[虽然他并没有低估中枢

（大脑）因素在这个现象中的作用]：若没有眼内的视网膜兴奋提供的材料参与，单一视觉景象的梦几乎很少出现。这特别适用于在暗室内入睡不久所发生的梦。而在早晨即将醒来时，短暂产生的梦的刺激来源，是室内逐渐增亮的、透过眼睑的客观光线。视网膜上自感光线兴奋的改变和不断变化的特点，与我们在梦中出现的不断运动的景象确实相符。只要承认拉德观察的重要性，人们就不会低估这些主观刺激来源在梦中所起的作用，因为我们知道，视觉景象是我们梦的主要构成成分。至于其他感觉的作用，除听觉的作用之外，是断断续续的和不重要的。

（三）机体内部的躯体刺激

梦具有诊断价值的例子在近代似乎有确凿的例子。蒂西从阿蒂古那里引证了一位43岁的妇女的例子。在她身体看上去还健康时，那几年已被焦虑梦所困扰。然后她进行了医疗检查，发现她患有早期心脏病。最终她死于该病。

在大批梦例中，内脏器官的功能严重失调明显是梦的刺激物。心脏病和肺部疾病焦虑梦的发生一般已为人所认同。确实，梦生活的这一方面已被许多权威放在了令人注意的地位，我在此只举出一些参考文献：拉德斯托克，斯皮塔，莫里，西蒙，蒂西。蒂西的观点甚至认为，不同的患病器官表现给予梦内容特定的印象。那些心脏病患者的梦一般很短促，在唤醒时有一个可怕的结局，梦的内容总是包括恐怖的死亡状态。肺病患者则梦见窒息、拥挤和飞翔，他们显然容易产生熟悉的梦魇。（顺便提一句，伯尔纳在这方面的实验取得了成功，他把面孔朝下俯卧或捂住呼吸器官，结果诱发了梦魇。）消化功能紊乱的梦包括了与食物的享受或厌食有关的想法。最后，有关性兴奋对梦内容的影响能从每个人自己的体验中得到证实，为梦是由于器官刺激激发所致这一理论提供了最有力的支持。

此外，凡是研究过这一主题文献的人，均会注意到一些作者，如莫里和魏甘德，都是由于自己的疾病对他们所做梦的内容有所影响，而开始研究梦的问题。

……

1851年哲学家叔本华发展的思想方针对一些作者产生了决定性的影响。按照他的观点，我们对宇宙图景的获得，是通过我们的智慧，摄取外界与我们密切接触的种种印象，然后把它们置入时间、空间、因果关系的模式中重新铸造。白天，有机体内部和交感神经系统的种种刺激，对我们的心境最大限度地施加潜意识的影响。但到了夜间，当白天的印象不再对我们起作用时，那些发自内部的印象就能吸引我们的注意了——就像夜间我们可以听到那白天被喧嚣的声音所淹没的小溪的潺潺流水声。但是理智除了对这些刺激施以自己特殊的影响外,是如何对它们作出反应的呢?这些刺激因此被重新铸成占有空间和时间的模式,并遵循因果关系的法则,梦于是由此产生了。施尔纳和他后面的福尔克特随后更详尽地研究了躯体刺激和梦景象之间的关系,但我将把他们的这些探索留到"梦的不同理论"这一节中再加讨论。

……

机体的躯体刺激对梦形成的作用,今天几乎已被广泛接受。但是对支配它们之间关系的法则的看法则各不相同,而且往往含糊其辞。

然而,对于所谓"典型的"梦的各种形式的解释却有相当的一致性,因为这些梦发生在许多人身上,其内容也几乎相同。这是一些人们熟知的梦,如从高空跌下,牙齿脱落,高空飞翔,及因赤身裸体或衣冠不整而感到狼狈不堪。最后一种梦简单归于仅仅是由于梦者在睡眠中感觉到被子滑落而暴露在被子外面。牙齿脱落的梦可归结为一种"牙齿刺激",尽管这种牙齿兴奋并不一定是指某种病理性的。按照斯特姆培尔的说法,飞翔的梦可以这样解释:当咽喉部皮肤失去感觉时,肺叶伸缩时所产生的刺激是心灵所发现的一种合理景象,后一种情况下引起它产生一种飘浮的感觉。从高处跌下的梦被认为是因为当皮肤压力的感觉开始丧失时,身体的一臂从身体上落下或屈曲的膝部突然伸张,这种运动毫无疑问引起触觉再一次被感知,这种意识的转变在心理上便以跌落的梦再现出来。这些尝试的解释听起来尽管很合理,但其明显的缺点在于缺乏任何证据,它们可以不断地假设这一组或那一组机体感觉在心灵知觉中出现或消失,直到梦的大量可能性解释出现为止。我将在后面有机会再讨论这些典型梦及其来源的问题。

西蒙通过比较一系列类似的梦,试图推断出一些机体刺激决定其所产生的梦的一些支配性法则。他证实,在正常情况下对情绪表达起作用的机体器官,在睡眠中,由于某种外来原因进入某种兴奋状态,这种状态通常只由情感所引起,此时产生了梦,生成的梦包含了与情感相适应的景象。他提到的另一个法则是,如果在睡眠中,一个器官处于活动、兴奋或干扰状态,则梦产生的景象必定与所累及的器官表现出的功能情况有关。

穆利·沃尔德曾着手用实验方法证明,在一个特定的领域中,梦产生的作用可以用躯体刺激作用理论去证实。他的实验内容包括改变睡眠者肢体的位置,然后将产生的梦与肢体所做的改变进行比较,他将他的实验结果公布如下:

1. 梦中肢体的姿势与其实际的姿势大致符合。因此,我们梦见与实际情况相符的肢体静止状态。

2. 如果我们梦见移动的肢体，那么在完成这个动作过程中，肢体经历的某种姿势必定与该肢体的实际姿势相符合。

3. 梦者自己肢体的姿势在梦中可以属于他人。

4. 梦中所做的动作可以受到阻碍。

5. 任何特殊姿势的肢体在梦中可表现为动物或怪物，在这种情况下在二者之间就形成了某种类比。

6. 肢体的姿势在梦中可产生与之相联系的思想，因此，如果涉及手指，我们就会梦到数字。

基于上述发现，我倾向于认为：即使是躯体刺激作用学说，在决定产生梦景象时，也并不能完全排除缺乏明显的决定作用。

（四）纯粹精神来源的刺激

很容易证明，梦在展示它们欲望的满足时往往是不加掩饰的。因此，很久以前梦的语言得不到理解似乎令人感到惊讶。例如，有一种梦，只要我高兴就能将它唤起，似乎做实验一样。如果我在晚上吃了鱼、橄榄或其他一些太咸的食物，夜间我就会因口渴而醒来。但在醒前的那个梦，内容往往相同，那就是我正在喝水。我梦见我正在开怀畅饮，那味道就似久渴后喝甘泉一般。然后我醒来，必定要喝一杯水。这个简单的梦是由口渴所诱发，我醒来后可感觉到口渴。口渴引起饮水的欲望，而梦则实现了我的欲望。梦这样做是在履行一种功能——这是显而易见的。我睡得很深沉，不会因为任何身体的需要而把我唤醒。如果我能通过梦见我在饮水来解渴，那么我就不必醒来去解渴。所以，这是一种方便的梦。做梦代替了行动，就像它在生活中别处所做的那样。遗憾的是，我饮水解渴的需要，不能像我对我朋友奥托和M医生进行报复那样，通过梦来实现。但是，这两个梦的意向却是相同的。不久前，我做了一个同样的但稍有不同的梦。在我入睡前，我就感到了口渴，我便把床头柜上的一杯水一饮而尽。当晚几小时后，我又感觉到了口渴，这一次却不怎么方便了。为了拿到水，我必须起床，走到我妻子那边的床头柜上去拿杯子。我于是做了一个恰如其分的梦，梦中我妻子正用一个瓶子给我水喝。这个瓶子是一个伊特鲁斯坎骨灰缸，它是我在意大利旅行时购买的，早已送给人了。但是瓶里的水非常咸（显然是因为瓶里的骨灰的缘故）使得我从梦中醒来。可以注意到，在这个梦中一切都安排得如此妥当。由于它的唯一目的就是满足一个欲望，因此它完全是利己主义的。贪图舒适和方便与体贴别人实际上是不相容的。梦到骨灰缸或许是另一个欲望的满足。我可惜这个骨灰缸不再属于我了——就像我妻子床头柜上的那杯水不能伸手可及一样。这骨灰缸与我口中感到的越来越咸的味道也是相符的，我知道这种味道肯定要使我醒来。

像这些方便的梦在我年轻时经常出现。我记得，我长久以来一直习惯工作到深夜，早晨经常醒得很晚。于是，我经常梦见自己已经起床，站在洗脸盆架旁边。过一段时间后，我就能完全意识到自己还真没起床，但同时我仍继续多睡了一会儿。一个年轻的医生同事像我一样贪睡，向我讲述了一个同样懒散的梦，这个梦表现得特别有趣别致。他住在医院隔壁的一个寓所里，他叫女房东每天早晨准时喊他起床，但女房东发现这并不是一件容易的差事。一天早晨，他睡得似乎特别甜。女房东在门口叫道："佩皮先生！醒醒吧，现在是去医院上班的时间了。"他听到叫声后还做了一个梦，梦见自己躺在医院病房里的一张床上，床头的一张卡片上写着："H. 佩皮，医学学生，22岁。"在梦中，他对自己说道，"我已经在医院里了，没有必要再去医院了。"——然后翻了一个身，继续睡着。他就是这样坦率地承认他做梦的动机。

在此还有另一个梦，再次说明了在实际睡眠中刺激对梦产生的作用。我的一位女病人，她不得不做了一次下颌外科手术，手术过程很不顺利。医生要求她在她的一侧脸日夜都戴上冷敷装置，可是在她要睡觉时，她往往把它摘了下来。一天，当她又将冷敷装置扔到地板上时，我按要求严厉地批评她了几句。她回答说:"这一次我是真的忍不住这样做的。因为我在晚上做了一个梦,梦见我正坐在歌剧院的包厢里,正在兴致勃勃地欣赏着演出。但是,卡尔·迈耶先生却躺在疗养所内,痛苦地抱怨着下颌痛。因此我想,既然我没有任何痛苦,要这个装置干什么呢,于是我就把它扔掉了。"这位可怜的患者的梦活像有些人在不愉快时经常说的一句口头禅:"我说我们还是说些比这更愉快一点的事吧。"这个梦就勾画出了比较愉快的一件事。梦者把自己的痛苦转嫁到了卡尔·迈耶先生头上,而这位先生是她记得的熟人中最普通的一个年轻人。

在我从正常人那儿搜集到的一些梦例中,同样可以容易地看到欲望的满足。一个了解我的理论的朋友,将我的理论告诉了他的妻子。一天他对我说:"我的妻子要求我告诉你,她昨晚梦见来了月经。你能猜出这是什么意思吗?"我当然能猜到,这个年轻的已婚妇女梦见来了月经,就是意味着月经停止了。我非常能肯定,她是想在挑起做母亲的重担以前,还能享受更久一些的自由。这是告诉她第一次怀孕的巧妙方式。我的另一位朋友写信告诉我,不久前他妻子梦见她注意到了她的背心前有一些乳渍。这也是说明她怀孕了,但不是头一胎。这位年轻的母亲希望她自己这一次能比第一次有更多的奶汁喂养她的第二个孩子。

一位年轻妇女因护理自己得传染病的小孩已数周没有参加社交活动了。小孩康复后，她梦见参加了一个集会，在集会上她遇见的人有：阿方索·都德、保罗·布格特和马塞尔·普鲁斯特。他们个个都对她很和蔼可亲，并且很风趣。这些作家都与他们的画像很相似，只有普鲁斯特除外，她从未见到过他的画像，他有点像……前天到病房来熏烟消毒的那位防疫官员，他是这么久以来第一个来拜访的人。因此，这个梦似乎可以完全这样解释："现在该是轻松娱乐的时候了，而不是仍无休止地照料病人。"

这些梦例或许可以足够说明梦仅能理解为欲望的满足，而且能在许多时候和各种情况下，其意义没有任何掩饰，一目了然。它们大多数是一些简短的梦，与能吸引梦研究者注意力的那些混乱繁杂的梦形成了鲜明的对照。不过，它也给我们一些时间停下来对这些简单的梦进行短暂的思考。我们可以期望在儿童身上找到梦的最简单形式，因为无疑他们的精神活动没有成人那么复杂。我的观点是，研究儿童心理学必定有助于了解成人心理学，就像研究低等动物的结构或发展有助于了解高等动物的结构一样。不过到目前为止，利用儿童心理学去达到这个目的，在这方面还几乎没有做过精细的工作。

少儿的梦通常只是满足欲望，假如那样，与成人的梦相比，确实索然无味。少儿的梦不会出现需要解决的问题。但是，另一方面，它们在证明梦的本质是对欲望的满足方面，却有无法估量的价值。我已经搜集到了一些梦例，材料是从我自己的孩子处获得的。

我得感谢1896年夏天那次我们对可爱的乡村哈尔斯塔特作的远足，那次远足提供了两个梦。其中一个梦是我女儿做的，那时她8岁半。另一个是她5岁3个月的弟弟做的。我必须对此先作一说明，那年，我们在奥塞湖附近的一个小山坡上度夏，在天气晴朗的时候，可以饱览达赫斯坦壮观的美丽景色。通过望远镜可以清楚地看到西蒙尼小屋。孩子们常常用望远镜反复去观看——我不知道他们是否能看得见。在我们远足前，我对孩子们说，哈尔斯塔特位于达赫斯坦山脚下。他们急切地盼望着这一天的到来。我们从哈尔斯塔特向埃契恩塔尔进发，一路上景色的不断变化使孩子们兴高采烈，然而，那个5岁的男孩逐渐变得不耐烦起来。每一次看到一座新山峰，他就问那是不是达赫斯坦，而我只得说："不是，它不过是山脚。"他问了几次之后，就变得完全沉默不语了。最后干脆拒绝与我们一起爬上陡峭的山路去看瀑布。我猜想他可能是累了。但第二天早晨，他神采飞扬地对我说："昨晚我梦见我们在西蒙尼小屋。"此时，我明白了。当初我在说到达赫斯坦时，他曾经期望，在我们去哈尔斯塔特的路上爬上那座山，并亲眼看看经常在望远镜中看到的、经常谈到的西蒙尼小屋。但是当他发现别人总是用山丘和瀑布来搪塞他时，他感到失望并无精打采了。这个梦是一个补偿。我试图发掘梦的细节，但梦的内容却是干巴巴的："你得走6小时的山路。"——这是别人对他说的。

这一次远足同样激起了我那8岁半女孩的愿望，这些愿望也只能在梦中得到满足。我们这一次也带上了邻居一个12岁的男孩去哈尔斯塔特。他已经是一个成熟的小伙子了，看上去已有了博得女孩好感的征象。第二天早晨，她告诉了我下面这个梦："真奇怪！我做梦梦见埃米尔是我家的一员了，他叫你们'爸爸'和'妈妈'，而且像男孩子一样和我们一起睡在大房间里。然后母亲走进来，将一大把用蓝绿色纸包装的巧克力棒棒糖放在我们的床底下。"她的兄弟显然没有继承我对梦的理解才能，效法着权威们的样子并声称，这个梦是胡说。但女孩本人则至少为梦的一部分进行了辩护。根据神经症的理论就可以知道她是为哪一部分辩护："当然，埃米尔是我们家的一员这是胡说。但是，巧克力棒棒糖这一部分不是。"这一点正是我所不清楚的，但此时女孩的母亲给我作了解释。从车站回家的路上，孩子们在自动售货机前停了下来，因为他们已习惯于从这种售货机上购买包着闪闪发光锡纸的巧克力棒棒糖。他们想买一些糖果，但他们的母亲及时决定制止，因为那一天已充分地满足了他们的愿望，使得这一个愿望只能到梦中去满足。我自己没有看到这件事，但是当我听到我女儿所被禁止的那一部分梦时，我立刻就明白了。我自己听到我们这位举止大方的小客人在路上对孩子们说，要等"爸爸"和"妈妈"赶上他们。小女孩的这个梦将这种暂时的亲属关系当做了永久性的承认。她的情感现在还不足以表现出超越在梦中出现的那种任何其他伙伴形式，她的情感只不过与她同兄弟间的情感一样。至于为什么巧克力棒棒糖被扔在床底下，不问她当然是不可能知晓的。

我的一位朋友告诉了我一个梦，它与我儿子做的梦极为相似。做梦者是一个8岁的女孩。她的父亲带着几个孩子步行去多恩巴赫，打算参观罗雷尔小屋。但由于天黑了下来，只得返回。为了不使孩子们失望，他答应他们下次再来。在回家的路上，他们经过了一个指向通往哈密欧的路标。此时孩子们又要求去哈密欧，但是因为同一原因，为了安慰他们，只好答应他们改日再去。次日早晨，这个8岁女孩走到她爸爸跟前，得意扬扬地说："爸爸，昨晚我梦见你带着我们去了罗雷尔小屋和哈密欧。"她迫不及待地预先实现了她父亲的诺言。

这儿有一个同样直截了当的梦，是我的另一个女儿在饱览了奥西湖的美丽景色之后所做的，此时她只有3岁又3个月。她是第一次乘渡船过湖，对她而言，乘船过河的时间未免太短了些。我们到达码头后,她不愿离船上岸,哭得非常伤心。次日早晨她说:"昨晚我梦见了我又在游湖。"我们但愿她在梦中游湖的时间使她满意。

我的大儿子在8岁时,梦见了他的幻想变成了现实:他梦见他和阿喀琉斯坐在一辆马拉双轮战车上,狄俄墨得为他们驾驶战车。不出我所料,前一天他姐姐送给了他一本希腊神话的书,他读后兴奋异常。

如果我能把儿童在睡眠中的梦呓也归到梦的名分下,那我在我所收集到的全部梦例中,可列举出一个年龄最小的孩子的梦。我那位最小的女儿,她那时才19个月。一天早上她呕吐了,我们要求她一天都不能进食。就在她感到饿的那天晚上,听到她在睡眠中兴奋地喊道:"安娜·弗(洛)伊德,草莓,野(草)莓,煎(蛋)饼,布(丁)!"那时,她总是习惯先说出她自己的名字来表达她要占有什么东西的想法。这份菜单似乎包括了她最喜欢吃的每一样东西。梦呓中草莓以不同的方式出现了两次,这是她对家庭健康规定的反抗。它是根据这样一个事实,她无疑注意到了这一点,她的保姆把她的不舒服归咎于草莓吃得过多。因此,她在梦中对这个讨厌的意见表示了不满。

尽管我们确信儿童由于对性欲的无知而感到很快乐,我们也不应该忘记失望和放弃也是梦的丰富来源,因此这两大主要本能都可以成为做梦的刺激。下面是这一类刺激的另一个梦例。我的一个22个月的侄儿,在我生日那天,人们要他向我祝贺生日,并送我一篮樱桃。这个季节还不是产樱桃的季节,所以樱桃很少。他似乎认识到这是一个为难的任务,他不停地重复着一句话:"里面有樱桃",却并不想把礼物递过来。不过,他找到了一种补偿的方式。他有一个习惯,每天早晨总要告诉他妈妈他梦见了"白兵",他在大街上曾经很羡慕地注视着一个穿白色大氅的军官。在他送给我生日礼物的第二天,他醒后快活地说道:"那个兵把樱桃全给吃光了",这条消息只能是从梦中得来的。我不知道动物能梦见什么。但是我的一个学生讲了一个谚语,引起了我的注意,这条谚语值得一提。谚语中间:"鹅梦到了什么?"回答是:"玉米。"梦是欲望的满足这一理论完整地包含在了这两句话中。

可以看出,仅需根据语言的习惯说法,就可以很快弄懂我们这个理论中有关梦的隐义了。确实,日常语言中有时谈到梦时不乏轻蔑之意("梦是空想"这句话似乎支持对梦的科学评价)。但是总体上,毕竟日常用语中将梦用来祝愿欲望的满足。如果我们发现事实出乎我们意料之外时,我们会高兴地说:"我连做梦也不会想到这件事。"

梦的伪装

一位病人也提出了一个悲伤的梦,用来反对我梦是欲望的满足这个理论。

病人是位年轻女郎,她说:"你可能记得,我姐姐现在只有一个男孩卡尔。当我与她住在一起的时候,她失去了她的大儿子奥托。我非常喜欢奥托,可以说是我把他带大的。当然我也喜欢小卡尔,但比不上死去的奥托。昨天晚上,我做了个梦:我看见卡尔死在我的面前,他躺在小棺材里,两手交叉地放在前面,他周围点着蜡烛。这情景就和小奥托死时一样,他的死对我来说真是当头一棒。你能告诉我,这梦是什么意思吗?你对我非常了解,难道我希望我姐姐再失去她的唯一的儿子吗?这个梦是否意味着我宁愿希望死去的是卡尔,而不是我更为疼爱的奥托?"

我向她保证,这后一种解释是不可能的。我沉思片刻后,就对她的梦作了正确的解释。她后来承认,我之所以能做到这一点,是因为我对她过去的所有历史非常了解。

这位女郎早年就成了一个孤儿,由她那个年长许多的姐姐抚养长大。在来访的客人和朋友中,有一位男士深深打动了她的心。有一段时间他们二人几乎到了快要结婚的程度,可是她的姐姐没有任何原因就使这段幸福化为泡影。好事被破坏以后,这位男士就停止了与她的来往。我的这位病人就将感情转到了小奥托身上。在小奥托死后不久,她便离开她的姐姐,开始独立生活。但是她不能够抑制对她姐姐那位朋友的感情。她的自尊心又使她得躲避他。后来尽管有一些人向她求爱,她始终不能转移她对他的那份爱情。她心目中这个对象是位文学教授,只要他一作学术演讲,无论何时何地,她一定去听讲,决不会放过任何可以远远看到他而又不被察觉的机会。我记得前天她曾告诉过我,那位教授准备去听一场专场音乐会,她也想去参加以便能够再看他一眼。那是做梦前一天的事,而音乐会就在她告诉我的当天举行。因此,我就不难作出正确的解释了。我问她是否能记得奥托死后发生了什么事情。她马上回答说:"当然记得,在消失很长一段时间后,教授再次来看望了我们,我看到他站在小奥托的棺材旁。"这正如我所料。我于是就解释这个梦:"如果现在另一个孩子死去,就会发生同样的情况,那样你将可以整天陪护着你姐姐,教授肯定又会来吊唁,而你就可以再一次见到他了。这个梦的意图只不过是你希望再看他一眼,这也是你内心深处不断挣扎着的欲望。我知道你现在手提袋中有一张今天的音乐会票。你的梦是一个急不可耐的梦,它使你提前几小时看到了他。"

为了掩饰她的愿望,她显然选择了一个通常压制这种愿望的情景,在那种情景下,如果一个人充满了悲哀,不可能想到爱情。然而,这个梦仍然完全复制了真实的情景。她站在她比较喜爱的大孩子的棺材旁,完全不能抑制她对这位好久不见的访问者的温柔感情。

对另一位女病人的一个相类似的梦,我作了另一种解释。这位女病人年轻时机智聪慧,性格开朗。她在治疗期间所表现出的思想,仍能看出这些性格特征。在一个很长的梦中,她似乎看到她15岁的女儿死了,躺在一个"木箱"中。她有意用这个梦景来反对我那欲望满足的理论。尽管她自己也怀疑"木箱"的细节肯定另有他意。在分析过程中,她记起了在前一天晚上的聚会上,有几个人谈到"木箱"这个英文字译成德文可以有好几个意思,如"柜子"、"包厢"、"胸部"、"耳光"等。从这个梦的其他部分已经使我们能进一步发现,她已猜到了英文"木箱"这个词与德文büchse(容器)有关,从而使她不由得想起büchse在德文粗话中还有女性生殖器的意思。如果假设她掌握一定的局部解剖学知识,则躺在木箱中的小孩意味着子宫内的胚胎。到此为止,她也不再否认这个梦象确实符合了她的愿望。像许多结婚的年轻妇女一样,在发现自己怀孕之后并不感到快乐,她不止一次地希望自己子宫内的小孩死去。在一次与丈夫激烈争吵以后,狂怒中的她甚至用自己的拳头猛击了自己的腹部,以便能打击腹内的胎儿。因此,死孩事实上是满足了一个欲望,这个欲望被搁置了长达15年之久。如果一个欲望在这么长的时间之后才得到满足,而没有被认识到,这并不为奇。这期间发生的变化实在太多了。

作为梦的来源的幼儿期材料

确实，童年的情景往往只以隐喻表现在显梦之中，只有通过对梦进行解释后才能辨认出来。记录下来的这一类梦例也很难使人相信，因为早已发生过的这些童年经历一般都缺乏其他证据：如果追溯到很早的时代，它们也不能被当做记忆了。要推断出梦中的这些童年经历确实曾经发生过，只有根据精神分析所提供的大量材料，如果它们相互一致，这样看上去才足够可信。如果我记录的这些推断而来的童年经历，为了解释梦的目的，脱离了前后关系，特别是甚至没有把解释梦所依据的全部材料一一列举，它们就可能不会产生深刻的印象。然而，这并不能妨碍我再举几个例子。

（一）

我一位女病人的所有梦都表现出"匆忙"的特点：她会急速去某处以免误了火车，等等。在一个梦中，她梦见她要去拜访一位女友，她母亲要她乘车而不要走路，但是她却奔跑着，不时跌倒。对这些材料一一进行分析后，使她想起了儿时追赶和蹦跳嬉笑的游戏。一个特殊的梦使她回忆起一种儿童喜爱的绕口令游戏，比如说一句"牛在奔跑，跑到跌倒"，越说越快，直到最后变成一个（无意义）的单词——实际这是另一种"匆忙"的表现。所有这些与其他女孩在一起玩的天真的奔跑游戏能被回忆起来，是因为它们替代了其他一些不是天真的嬉戏。

（二）

下面是另一个女病人做的梦：她在一个摆满各种机器的大房子内，像是她想象中的一间外科矫形室。她听说由于我没有时间，必须与另外5个病人同时接受治疗。然而她拒绝了，不肯躺在床上或为她指定的任何地方。她站在墙角里等待着我说那不是真的。同时另外5个人嘲笑她，笑她"大惊小怪"的行为。——同时，她又好像在画一些小方格。

这个梦内容的前一部分与治疗有关,是对我的移情,第二部分包含了暗指童年的一幕情景。这两部分因梦中提到床而联系起来了。

矫形室使我想到了我对她说过的一句话,我把治疗的长时间和复杂性比作是一次矫形手术。我开始对她进行治疗时,不能不告诉她我目前不能给她很多时间,以后我才有可能每天安排她整整一小时。这句话触发了她原有的神经过敏,这也是容易发生癔症的儿童的一个主要特性:他们对爱的渴望永远不能满足。我这位病人是家庭中6个孩子中最小的一个(因此,同时还有另外5个人),因此最为父亲宠爱,但即使如此,她仍感到她崇拜的父亲给她的时间和注意太少。——她等着我说那不是真的具有如下根源:一个裁缝小学徒为她送来一套衣服,她付了款给他。后来她问她丈夫,如果小裁缝把钱丢失了,她是否要再付一次钱。她丈夫为了嘲弄她,说要这样做(梦中的嘲笑)。她于是一次又一次地不断地追问,等他说那不是真的。现在从梦的隐意中可以推断出,她可能想到了如果我给她两倍的治疗时间,她是否要付双倍的诊疗费——她感到这是一种吝啬或不洁的思想(儿童时代的不洁在梦中通常由贪图钱财来代替,"不洁"这个词把两者给联系了起来)。如果梦中等着我说等等这一段不过是梦中"不洁"这个词的迂回说法,那么"她站在墙角里"和"不肯躺在床上"就符合了她童年那一幕景象：她弄脏了床，被罚站在角落里，她父亲威胁她说他不再爱她了以及她的兄弟姐妹会嘲笑她，等等。——小方格则与她小侄女有关，她在她面前表现一种（我认为这是正确的）在9个方格中使所有方向相加都等于15的算术游戏。

（三）

一个男人做了下面这个梦：他看见两个男孩在互相扭打，从地上的工具可以看出他们是桶匠的儿子。一个男孩把另一个摔倒在地。倒地的男孩戴着镶有蓝宝石的耳环。他急忙举起手杖击打进攻者。后者向一位妇人逃去，请求她保护，她好像是他的母亲，正站在木栅旁边。她是一位劳动妇女，背向着梦者。最后，她转过身来，样子看上去非常可怕，把梦者吓跑了。可以看到她下眼睑突出的红肉。

这个梦大量利用了前一天发生的琐事。他在街上确实看到了两个小孩，一个把另一个摔倒在地。当他赶上去劝架时，两个人都拔腿逃跑了。——桶匠的儿子。这只能用随后做的一个梦中的一句谚语来解释，这句谚语是"彻底把桶底捅穿"。——他根据自己的经历，相信镶有蓝宝石的耳环多为妓女所佩戴，他于是想起了一句熟知的关于两个男孩的打油诗，"另一男孩叫玛丽"（一女孩）。——站立的妇女，当他看见两个男孩跑掉后,就沿着多瑙河边走下去,趁无人之际对着一个木栅栏撒尿。一会儿之后,一位衣着庄重的老妇人态度和蔼地向他微笑,并想递给他一张她的名片。由于梦中的妇人也站在他曾经小便的同一个地方,因此这妇人肯定也在此小便。这与她那可怕的面容和突出的红肉恰相吻合,这只可能与她蹲下时阴户的缝隙有关。这种在儿童时期看到过的景象,在后来的记忆中则以"浮肉"——作为伤口再现出来。

这个梦把他在小孩时两次看见女孩生殖器的情景结合了起来:一次是女孩被摔倒在地,一次是女孩正在小便。他从梦前后内容的另一部分引起一个回忆:他在这些场合表现出的性好奇,他曾受到过父亲的惩罚或恫吓。

梦的躯体方面的来源

有一天，我一直在试图发现被禁止、动弹不得、力不从心等到底是什么意思，这种感觉经常出现在梦中，与焦虑的感觉非常相似。当晚我做了下面的梦：

我几乎是一丝不挂地正从楼下走向楼上，我上楼梯是一步三级，并为我的矫健步伐感到自豪。我突然看到一位女仆从楼梯上走下来，正迎面而来。我感到十分害羞，想急忙躲开，就在这个时候我感到受到了抑制：我双脚动弹不得，不能移动半步。

分 析——梦中的情景来自生活现实。我在维也纳有一座两层楼房，两层间只有一条公用楼梯。楼下是诊疗室和书房，楼上是起居室。我每天深夜在楼下完成工作后，便上楼梯回卧室去。在我做梦的当晚，我确实在走过这段短短的路时，衣冠相当不得体，这也就是说，我已经取掉了硬领、领带和硬袖。但在梦中，这种情况似乎进一步到了衣不遮体、全身赤裸的地步，但同往常一样，这种印象很不确定。我平时上楼总是一步两阶或三阶，而在这梦中，还可被认为是一种欲望的满足：我轻松地做到了这一点，说明我对自己的心脏功能感到放心。另外，这种上楼的方式与后一半梦中的受抑制感觉正好形成了鲜明的对照。它向我表明——无须证明——梦可以毫不费力地把运动动作表现到相当完美的程度（人们只需想一想飞翔的梦就行了）。

然而，我走上去的楼梯并不是通往我自己家里的。开始，我没有认出它来，后来是由于与我正面相迎的那个人，才使我猛然想起这是什么地方。那个人就是我需每天两次上门为老妇人打针那家的女仆。那楼梯也就是我在她家每天必须爬两次的楼梯。

为什么在我的这个梦里会出现这个楼梯和女仆的形象呢？那种因衣不遮体的羞愧感觉无疑带有性幻象成分。但我遇见的这位女仆比我年长，又粗俗且毫无吸引力。我认为这个问题的唯一答案是这样的：每天早晨，我去访问这户人家，每当上楼梯时，我总有一种想清清喉咙的欲望，于是就把痰吐在了楼梯上。这户人家楼上楼下都没有放置痰盂。所以我认为，如果楼梯没有保持清洁，责任并不在我，而只能归咎于没有放置痰盂。那家的女管家也是一位老妇，同样相当粗俗（但我得承认她有爱清洁的习惯），她对这件事怀有不同的看法。她会躲在暗处注视着我，看我是不是又弄脏了楼梯。如果她发现我吐了痰，我就能听到她那大声的抱怨。这以后的几天中，我们碰面时她都会表示出不欢迎的态度。做梦的前一天，我对那女管家的反感，更因那位女仆的表现而增强。我同往常一样，看完女病人的病后，匆忙走了出来。而女仆却在大厅里拦住了我，说："医生，你今天进屋前本该蹭一蹭你的靴子，你的鞋又把红地毯给弄脏了。"这就是楼梯和女仆出现在我梦中的唯一原因。

  我奔上楼梯与我在楼梯上吐痰之间有一种内在的联系。咽喉炎与心脏病被认为是对吸烟恶习的两种惩罚。由于我有吸烟的习惯，在我自己家的女管家眼里，我也不太爱清洁。我在她眼里的形象也并不比在另一家中的形象好。所以在梦中，这两件事就合而为一了。我必须推迟对这个梦作进一步的解释，直到我能解释衣不遮体这种典型梦的起源。我现在只能从这个梦得出一个暂时结论：梦中运动被抑制的感觉只有在前后内容需要它时才能被唤起。梦的这部分内容产生的原因，不能归之于睡眠时我的运动能力发生了改变，因为还在不久前，（似乎就是要证明这个事实）我还轻松地跑上了楼梯。

典型的梦

(一) 窘迫的裸体梦

在梦中，有些人在陌生人面前赤身裸体或衣不遮体时，毫无羞耻的感觉。但我们在此要讨论的梦，却是梦者在梦中裸体时，确实感到羞愧和尴尬，而在力图逃脱或躲避时，又产生了一种奇特的运动抑制，感到举步艰难，无力改变这种痛苦的局面。只有出现这种现象的梦才能称之为典型梦。否则梦内容的核心便包含在各种不同的情节之中，并因人而异。这种典型梦的实质，在于伴有一种带有羞耻性质的痛苦感情，在于存在着一种通常采用移动的方式逃避或躲藏裸体的欲望，却又力不从心，举步艰难。我相信大多数读者都曾在梦中梦到过自己身处这种难堪的境地。

所说的裸体性质一般都很模糊。梦者可能会说:"我穿着内衣。"但这是一幅并不清晰的图像。这种衣不遮体的景象通常非常模糊,在描述时也是模棱两可:"我还穿着内衣或衬裙。"而通常梦者衣不遮体还没有严重到一定要感到羞耻的程度。在身着皇家军服的士兵身上,往往以违反军容风纪取代了裸体:"我没带佩刀在街上行走,我看见几个军官迎面走来。"或者是"我没有系领带",或者"我穿着一条方格便裤",等等。

一个人感到羞愧时,在场的旁观者总是全是陌生人,很难辨认出他们的特征。在典型梦中,使梦者感到难堪的衣不遮体,从未引起过旁观者的反对,甚至从未引起注意。相反,他们往往表现出冷漠的态度,或者(像我在一个特别清晰的梦中所观察到的)是一副肃穆呆板的表情。这是需值得考虑的一点。

梦者的难堪和旁观者的冷漠结合在一起,构成了梦中经常出现的一对矛盾。如果旁观的陌生人表现出吃惊、嘲笑或愤怒,这肯定会更加符合梦者的感情。然而我认为,在这种情况中,表示反对的表情已被欲望满足所勾销,而某种力量使梦者的某些特性保留了下来。结果导致了梦的两个部分彼此之间的不协调。我有一条令人感兴趣的证据:由欲望满足而部分化装的梦还没有被我们真正理解。正是根据这个事实，汉斯·安徒生写出了那篇家喻户晓的童话《皇帝的新装》，而最近路德维希·弗尔达在他的（《童话剧》）《护身符》中也作了诗意般的描述。安徒生在《皇帝的新装》中，向我们描述了两个骗子如何为皇帝织了一件贵重的长袍，说只有品德高尚和忠诚的人才能看见它。皇帝穿上这件看不见的长袍走了出来，而所有的旁观者怕这件丝织外衣具有试金石的作用，竟假装看不见皇帝的赤身裸体。

我们在梦中所见的也正是这样的情景。我们不妨这样假设，当这些不可理解的梦内容存在于记忆中时，已被记忆中的情景重新赋予了一种意义。从而这种情景本身失去了原有的意义，被当做一种新异刺激。我们在后面将要看到，第二精神系统的有意识思维活动用这种方式曲解梦内容是一种常见现象，而这种曲解必定被认为是决定梦最后形式的一个因素。此外，我们还将了解到，同样的曲解（当然仍然是在同一精神人格之内）在形成强迫观念和恐惧症中也起着重要的作用。

就拿我们的梦来说，我们能够指出引起曲解的是什么材料。骗子就是梦，皇帝就是梦者本人。而梦的寓意暴露了对这一事实的模糊认识：即梦的隐意与使牺牲者压抑的欲望有关。在我对神经症患者的分析中，从梦的前后联系来看，这一类梦无疑是以儿童早期记忆为基础。在我们的童年时代，只有家庭成员和保姆、女仆和客人这样的陌生人才会看到我们穿着不整齐，也只有在那时，我们对自己的赤身裸体才没有羞耻感。我们还可以看到，有很多更大一些的儿童，都以裸露自己的身体为乐，并不感到窘迫。他们笑着、蹦着、拍打着自己的身体，如果他们的母亲或其他人在场，就会斥责他们说："咳，多丢脸，不许再这样了。"儿童们总有一种裸露的欲望。无论你走到世界的任何地方，在农村的村头，你总能碰到几个两三岁的孩子，当着你的面掀起他的小衣服，这或许是正在向你致意呢！我的一位病人在有意识的回忆中还记得他8岁时的一幕情景：在晚间睡觉时，当他只穿着内衣的时候，总想跳着舞闯到隔壁他妹妹的卧室，结果被保姆拦住了。在神经症患者的童年时期，在异性儿童面前裸露自己有重要的意义。在脱衣和穿衣时，都感觉有人窥视的偏执狂妄想病人中，都可以找到这一类经历。而停留在性欲倒错阶段的那些病人中，这种幼稚冲动在一些人中已发展到出现症状的程度——属于"裸露癖者"。

天真烂漫的童年回忆起来就像处在天堂中。而天堂本身也不过是个人在童年的一组幻想物。这就是为什么人类在乐园中相互裸露而不感到羞耻的原因。羞愧和焦虑一旦被唤醒，人们便被逐出了乐园，性生活和文化活动也就开始了。

但是，我们每天晚上仍能回到天堂。我大胆地推测，我们童年早期（从出生到3岁末）的印象，不管自身的实际内容如何，只是出于本性而力求取得其再现；并且可以设想，这些印象的重现构成了一种欲望的满足。因此裸体梦就是表示裸露梦。

裸露梦的关键在于梦者本人的形象（所表现的不是儿童的形象，而是目前的本人）和他衣着不全（后者是由于对未穿衣服的无数记忆的重叠，或是由于稽查作用的结果，总是表现得模糊不清）。此外，使梦者感到羞愧的那些当时在场的旁观者的形象也应包括在内。就我所知，在表现幼儿期裸露景象的梦中，从未出现过幼儿时的真正旁观者。因为梦从来不是一个简单的回忆。相当奇怪的是，我们在童年时直接的性兴趣对象在所有梦中、癔症和强迫性神经症中都不再出现。只有在妄想狂中，这些旁观者才重新出现，尽管不能看见，但是幻想的信念却能肯定他们的存在。在梦中取代他们的是一群不注意难堪场面的陌生人，其实这恰恰表现出了梦者只想对他熟悉的人做出裸露的一种反欲望。在梦中"一群陌生人"还可以有许多其他方面的联系，但从反欲望角度来看，他们总是代表着"一个秘密"。我们注意到，即使在恢复到原来状态的妄想狂中，也可以看到这种颠倒倾向。患者感觉到自己肯定不是单独一人，他肯定自己被人窥视着，但窥视者是"一群陌生人",他们形象模糊、难以辨认。

同时,压抑(repression)在裸露梦中也起着一定的作用。由于第二系统的作用,裸露的情景尽管受到抑制却仍然能表现出来,但是,也因此产生了一种痛苦的感觉。如果要避免痛苦,梦景也将不会复活。

(二)亲人死亡的梦

这一组典型梦包括一些至亲如父母、兄弟、姐妹或子女的死亡。在这一组梦中可以分出两种类型:一类是在梦中无动于衷,而醒后却对自己缺乏感情表示惊讶;第二类则梦者为亲人的死亡极为悲痛,甚至在梦中大哭不已。

我们对第一类梦不予考虑,因为它们不能算"典型梦"。如果我们进行分析,便可发现它们与显梦具有不同的意义,而且有意隐瞒另外一些欲望。这类梦就像那位看见她姐姐的小儿子躺在棺材里的姨母所做的梦。那个梦的意思并不是说她希望小外甥死去,如我们已经分析的那样,这不过意味着其中隐藏着她的一个欲望——借此机会能看见她痴情的、久别的情人。还是在很久以前,在另一个外甥的葬礼上,她见过他一面。这个欲望才是梦的真正目的,根本没有悲哀可言,梦中当然也无悲痛之情了。需要注意的是,梦中的感情属于隐意而不是显意,通过化装超过了梦的概念内容，梦的感情内容仍然保持未变。

第二类梦则与此极不相同。在这些梦中，梦者梦到自己的至亲死亡，同时感到悲痛。正如梦内容所表现的那样，这类梦的隐藏含义是希望梦中有关的人能死去。我预料到我所有的读者以及做过这类梦的人们的感情必然使他们反对我这个观点，因此，我必须在最广阔的范围内提出我的证据。

我已经讨论过这个梦，它使我们知道，梦中得到满足的欲望，往往不是现在的欲望，它们也可能是过去的、被抛弃的、受掩盖的或遭到压抑的欲望，只要看到它们再现在梦中，我们就必须承认它们仍继续存在。它们并不像字面上所说的那样消亡，而是像《奥德赛》中的那些幽灵，一喝到鲜血就会苏醒过来。在那个躺在"木箱"中的死孩的梦中包含的就是15年前的一个愿望，而且患者已经坦率地承认那时确实有过这样的愿望。我还要补充一点（这一点对于梦的理论也不无意义），即在这个梦的背后，甚至还潜伏着梦者童年早期的记忆。当她还是很小的时候（不能确定时间），她曾听说过她母亲在怀她时，情绪曾非常忧郁，希望胎儿死去。当梦者本人长大并且也怀孕时，她仅仅是以母亲为榜样而已。

不管什么人梦到自己的亲人如父母、兄弟、姐妹中有人死去，而且明显感到悲痛，我决不会以此作为梦者现在希望亲人死去的证据。梦的理论也无须这样的证明。但我可以推论出，梦者在童年的某个时期曾经希望他们死去。然而，我担心这种留有余地的说法还不足以消除人们对我的反对。他们会否认他们从来没有产生过这种想法，就好像他们极力否认现在有这种想法一样。所以我必须在现有证据的基础上，重新构建已经消失了的儿童心理生活部分。

我们首先来考虑一下儿童与其兄弟姐妹们之间的关系。我不明白我们为什么一定要把那种关系当做是一种充满着互相友爱的关系。因为成人兄弟姐妹经常有相互之间存在着敌意的经历。我们也往往能发现那些源于童年时期的不和可以长期存在。当然，也有许多人在童年时期，兄弟姐妹之间充满敌意，而到了现今却能和平相处，同舟共济，这也是无可置疑的事实。年长的儿童虐待年幼的儿童，责骂他，抢走他的玩具，而年幼的儿童则敢怒不敢言，既害怕又嫉恨，他最初争取自由的动机和正义感也就是针对这个压迫者的。父母总是抱怨孩子们合不到一块儿，但又不知原因何在。事实上，我们常常看到，即使是好儿童，他的性格也与我们在成人身上所期望的不同。儿童是个完全的利己主义者，他们强烈地想着自己的需要，不顾一切地去寻求满足，特别是针对他的竞争对手、其他儿童，而首先针对的就是自己的兄弟姐妹。然而我们并不能因此称他是个"坏"孩子，而只说他"调皮"。因为在我们眼里，他的不良行为是不负法律责任的。下面这种情况也是合理的：因为我们可能指望，在我们所认为的儿童期前，利他主义和道德感在这个小利己主义者心中已经苏醒，（用梅涅特的话说）继发性自我将掩盖和抑制原本自我。当然，品德并不是在所有各方面同时发展的，而且，儿童非道德期的长短也因人而异。如果这种品德不能得到发展，我们就称之为"退化"（degeneracy），但这实际上只是发展中我们所遇到的一种抑制。当原始性格被后来的发展掩盖以后，仍会全部或部分地在癔症中暴露出来，而且癔症性格与玩皮儿童之间存在着惊人相似之处。至于强迫性神经症则相反，它相当于当原始性格蠢蠢欲动时所强加的一种道德观念。

许多人对他的兄弟姐妹充满着爱，他们中如果有人死去，将会悲痛至极。但他们潜意识中仍可能残存着邪恶欲望，而这种邪恶欲望可追溯到他们的童年，现在欲望可以在梦中获得实现。

观察两三岁或稍大一点儿童对待他弟妹的态度，是一件很有趣的事。例如，有一个一直是独子的儿童，现在听说鹳鸟给他带来了一个新的婴儿，他审视着这个新婴儿，然后用很坚决的口气说："让鹳鸟把他再带回去吧！"我确信儿童能够正确地判断新出生的弟妹给他带来的损失。一位我熟悉的妇人，她与比她小4岁的妹妹现在相处得非常融洽，她告诉我,她听到她妹妹出生的消息时非常高兴,却有保留地说:"可是不管怎样,我不能把我的小红帽送给她。"即使儿童只能在后来才认识到这种不利情况,但是,当时他还是立即会产生敌意。我知道有一个不满3岁的女孩就企图把一个婴儿扼死在摇篮里,因为她觉得如果婴儿继续生存下去,对她来说没有好处。此时儿童的嫉妒心已表现得十分明显和强烈。而且如果年幼的弟妹真的夭折了,年长一点的儿童就会发现全家的宠爱又重新集中到了他的身上。如果鹳鸟又送来另一个婴儿,这位小宠儿自然希望新来的婴儿会遇到前一个婴儿同样的命运,自己就会像在弟妹未出生之前或死亡之后那段时间内一样快活了。当然,通常情况下,儿童对其弟妹的态度纯粹由于他们之间的年龄差别所决定的。在相当长的一段时间后,较大一点的女孩对孤立无助的新生儿就开始受到母性本能的驱动。

儿童期对弟妹的敌对情绪所表现出的频繁程度,肯定远在成人们能够感觉到的情况之上。

我自己的小孩一个紧接着一个出生,使我失去了观察他们在这方面表现的机会。现在我通过观察我的小外甥,来弥补这种疏忽。他专横跋扈15个月之后,由于一个小女性竞争者的出世受到了冲击。据说这位小男士对他那个小妹妹颇有骑士风度,吻她的小手,触摸她。但是我相信,在他还不满两岁时，便利用他掌握的语言能力，来批评他认为是多余的人了。当大人的话题触及小妹妹时，他总是插话进来大声说着："她太小了，她太小了！"最近几个月，这个婴儿已逐渐长大，不能再说她太小了，于是这个小男孩又找了一个理由，认为她不值得受到过多的注意。他一有机会就要大家注意她还没有长牙齿。我们大家一定还记得我另一位姐姐的大女儿，在她6岁的时候，她花了半小时缠着她的姑母姨母们轮流地追问："露茜还不懂那件事，是吗？"要大家都同意她的看法。露茜成了比她小两岁半的竞争对手。

  我还没有发现兄弟姐妹死亡的梦是不包含强烈敌意的，例如，在我所有的女病人中都发现了这种敌意。我只见过一个例外，但可以很容易地把它解释为这个规范的证据。一次对一位女病人进行分析时，我对她解释这方面的情况，因为从她的症状来看，我觉得她与这种情况有关。使我惊讶的是，她自己从来没有做过这一类的梦。但是她从4岁起开始做了一个与本主题显然无关的梦。那时她是全家最小的孩子，这个梦以后经常反复出现：有一大群孩子，他们是她的哥哥姐姐和堂哥堂姐，在一个操场上玩耍，突然他们都长出了翅膀，飞上天就消失不见了。她不明白这个梦是什么意思，但是不难看出，这个梦的原始形式就是她所有哥哥姐姐和堂哥堂姐死亡的梦，几乎没有受到稽查作用的影响。我大胆地作出如下的分析：一次，这群孩子中有一个死了（在本例中，兄弟俩的所有孩子就像在一个家庭中成长长大）。梦者那时还不到4岁，她就去问一位聪明的成人，孩子死亡是怎么回事。回答想必是："他们长了翅膀，变成了天使。"听到了这个解释之后，梦者的哥哥姐姐和堂哥堂姐在梦中就都长上了翅膀像天使般飞走了，这是很重要的一点。只有我们这位幼儿杀手单独留下来了，说来也奇怪：竟是一群人中的幸存者！我们大概不会猜错，在草地上玩耍的这群儿童在飞走以前是指一群蝴蝶。这个孩子似乎已经受到传统联想的影响，古时候人们描述灵魂具有蝴蝶般的翅膀。

此时可能有人会打断我的话进行反驳："即使兄弟姐妹之间存在着敌对冲动，但一个孩子怎么会坏到如此程度，希望他的竞争对手或比他强的伙伴都死去。好像对一切罪过的惩罚只有将人置于死地。"凡是说这种话的人都没有注意到儿童们对于死的概念与我们对这个词的概念毫无共同之处。小孩们完全不理解腐烂、阴森森的坟墓、死亡恐怖，而成人们对这些概念则统统难以忍受。小孩们根本没有对死亡的恐惧。因此他完全可以把这句恐怖的话当做儿戏用来吓唬他的玩伴："如果你再这样做，你就会死掉，像弗朗兹那样！"可怜的母亲听到这话后会吓得发颤，因为她可能想到，凡人中有很大一部分人都活不过儿童期。一个8岁的儿童在参观自然历史博物馆后，回到家中很可能对他母亲说："妈妈，我是多么爱您！如果您死了，我就把您制成标本放在屋里，这样我随时可以看到您！"孩子们和我们成人之间对死亡的概念竟有如此天壤之别。

再说，对于从来没有看到过死亡前痛苦的儿童们来说，"死亡"意味着"走开"——不再打扰活着的人们。小孩们搞不清这种"不在"是由旅行、解雇、疏远还是死亡引起的。如果小孩刚出生不久，他的保姆被解雇了，不久他的母亲又死了，在分析中可以发现，这两件事情在他记忆中可以相互叠合在一起，成为一个单独的系列。当人们不在时，儿童们并不十分惦记。许多母亲在暑期离家几个星期之后，回家中才知道孩子们连一次也未问到过妈妈，对此母亲们感到很伤心。如果母亲真的到了那从来没有返回者的"乌有之乡"，儿童们开始看上去似乎忘记了她，只有到以后才开始在心中怀念他死去的母亲。

因此，如果一个小孩有理由希望另一个孩子不在的话，也就没有必要限制他用其他小孩死亡的形式来表达他的欲望。而且对包含着死亡欲望的梦的精神反应证明，尽管儿童身上表现出的欲望内容有所不同，但在某种方式上与成人所表现的欲望依旧是相同的。

然而，一个小孩如果把他的兄弟姐妹看做是对手，对他们的死亡欲望可以用儿童的利己主义来解释，那么他对自己父母的死亡欲望我们又该如何作解释呢？父母把他抚养长大，给予他爱，满足他的需要，即使是从利己主义出发，他也不该希望自己的父母死去吧！

对有关父母死亡的梦进行考察后，这个难题可以获得解决，即死亡的父母多为梦者的同性，也就是说，男子一般梦见的死者是父亲，而女子则梦见死者是母亲。我虽然不敢说所有的梦都是如此，但我所指出的这种倾向非常突出，因此需要用一种具有普遍意义的重要因素给予作出解释。大体上说，人们总觉得童年存在着一种性的偏爱，好像男孩把父亲看做情敌，女孩视母亲为情敌，只有排除了对手后，自己才能随心所欲。

请大家在把这种观点斥为异端邪说之前，最好考虑一下父母和儿童之间的实际关系。我们必须把人们要求的孝顺虔诚的传统文化准则与日常观察到的真实情况区别开来。在父母和儿童的关系中，经常隐藏着敌意。这种关系为某些无法通过稽查作用的欲望提供了大量的机会。

首先，我们来考察一下父子之间的关系。我认为人们赋予基督教"十诫"教规的尊严，已经模糊了我们对真正事实的感知。我们似乎不敢承认大多数人已公然违背了第五戒律。在人类社会的最低和最高阶层中，对父母的孝顺已为其他兴趣所代替。我们从古代神话和民间传说中隐约了解到的，只是一幅父亲专横跋扈和冷酷无情的不愉快图画。克罗诺斯吞食了他的孩子，就好像野公猪吞食野母猪的猪仔一样；而宙斯则阉割了他的父亲并取代了这一位置。在古代家庭中，父亲的家规越不严厉，作为法定继承人的儿子就会发现自己处在敌对的地位，就越急不可耐地希望父亲死去，从而自己取而代之成为一家之长。甚至在中产阶级阶层中，父亲们也拒绝儿子们的独立，剥夺他们获得自由的必要手段，使得他们之间固有的敌意不断滋长。医生常常在特定的角度，看到儿子在父亲死去时的悲痛，同时却抑制不住最终获得自由的满足心情。在我们现代社会中，父亲们往往拼命抱住陈旧的父性权威不放，而像易卜生那样的作家，则把永恒的父子冲突写入他的作品中，这显然扩大了他的影响。

母女之间冲突表现不同。当女儿已开始长大并渴望性自由时，却发现自己处于母亲的干预之下；而另一方面，母亲目睹女儿含苞待放的美丽娇容，不禁感伤自己红颜已逝，该是她必须放弃对性满足的要求的时候了。

所有这一切都是众所周知的。但是一些人认为孝道是天经地义，他们认为这无助于解释父母死亡的梦。然而上面的阐释已使我们懂得，我们必须回到儿童初期去寻找对父母的死亡欲望的解释。

通过对精神神经症患者的分析，证明上面的假设无可置疑。我们从这些病例中认识到，儿童的性欲望早就开始觉醒了，如果在萌芽阶段可以称之为性欲的话。女孩的最初感情针对着她的父亲，而男孩最初的欲望则是指向母亲。因此，父亲对男孩来说，母亲对女孩来说分别变成了干扰对手。在兄弟姐妹的情况中，我已经充分证明了这一类感情多么容易变成死亡的欲望。父母亲一般也明显地表现出他们的性偏爱。我们常看到的自然倾向是，父亲多半溺爱他的小女儿，而母亲则袒护儿子。只要性的魔力还没有对判断力产生干扰，父母亲对子女还是能严加管教的。儿童对这种偏爱非常敏感，对父母中不喜爱他的一方常常表示反抗。孩子们在成人所寻找的爱不仅指儿童的某一特殊需要得到满足，也意味着孩子在其他各方面的需要都可获得满足。因此，他让自己的性本能自行其是，同时，如果他在父母间作的性选择正好与父母的性偏爱相一致，则会给这种倾向给予新的力量。

大部分这种幼稚倾向的征兆被人们忽视了，而其中一部分甚至在儿童早期以后还能看得出来。一位我认识的8岁女孩，每当她母亲有事离开餐桌时，她便马上乘机坐在了她母亲的位置，她说："我现在就是妈妈了！卡尔，你还要一点蔬菜吗？好，请自己拿吧！"等等。还有一个特别聪明的小女孩，她的这种心理几乎毫无隐瞒，她坦率地说："妈妈现在可以走了，然后爸爸一定会娶我，我就成了他的妻子。"小孩的这种愿望与她温顺地依恋母亲一点也不矛盾。如果一个男孩在父亲离家时可以躺在母亲身边，当父亲回来后，他又要回到保育室睡在他很不喜欢的人身边。他当然希望他父亲永远离开，这样他能常常躺在可爱的母亲身边。要达到这个欲望的唯一途径就是让他父亲死去。因为儿童从他们的经历中了解到，只要是"死"人，如他爷爷，总是不在，而且从不会回来。

尽管对幼儿的这种观察完全符合我所提出的解释，但是对成人神经症患者进行分析的医生并不完全赞同这种说法。在后一种情况中，我们进行分析的这种梦在其前后关系中是不可能不把它们解释为欲望的梦的。

有一天，我的一位女病人痛苦不已地哭诉说："我再不想见到我的亲友们了，他们一定以为我非常可怕。"接着她告诉了我一个她记得的梦，她自己当然并不知道这个梦的意义。她是在4岁时做了这个梦。一只山猫或狐狸什么的在屋顶上走来走去，然后有件东西掉了下来，或者是她跌了下来，然后她的母亲死了并被抬出屋外。——她哭得非常伤心。我告诉她，这个梦必定暗指她在小时候曾经期望她母亲死去。正是这个梦使她觉得亲友们认为她非常可怕。我说完后，她又补充了一些有助于解释梦的材料。在她很小的时候，街上一个小顽童骂她是"山猫眼"。在她3岁时,屋上掉下一块瓦片击中了她母亲的头,鲜血直流。

我曾经对一位经历过不同精神状态的年轻女子进行了细致的研究。她在开始发病时,处于一种混乱的兴奋状态,她对母亲表现出超乎寻常的厌恶,只要她母亲一走近她床边,她对母亲又打又骂。而与此同时,她对比自己大两岁的姐姐则百依百顺。接着出现一种神志清醒但相当冷漠的状态,这时睡眠极不安稳。我就是在这一阶段对她进行治疗,并对她的梦进行了分析。在她做的大量相关的梦中,都不同程度地以隐蔽方式表现了母亲的死亡。她有时梦见去参加一位老妇人的葬礼,有时梦里与姐姐一起穿着丧服坐在桌旁。这些梦的意义是不言自明的。当她的疾病逐渐好转时,又出现了癔症性恐惧症。在各种恐惧中,折磨她最深的是害怕会有什么不幸的事会突然降临在她母亲的身上。她不论在什么地方,总是强迫自己赶快回家。使自己相信母亲仍然活着。这个病例加上我从其他来源获得的经验,是很具启发性的。心理机制以不同方式对同一刺激观念所作的反应,就好像要用不同语言进行翻译一样。我认为在混乱状态中,是平时受到压抑的第一精神动因推翻了第二精神动因。她对自己母亲潜意识的敌意找到了一种强有力的运动性表现。在安静状态开始、反叛已经平息下去时,稽查作用又重新建立起来,要实现母亲死亡的欲望，就只剩下做梦这块地方了。当正常状态进一步得到稳定，作为一种癔症性逆反应和防御现象，又会使她产生对母亲的过分关心。因此不难理解，为什么患癔症的女孩总是表现出对母亲的强烈依恋。

另外一次，我曾对一位年轻男子的潜意识心理进行了深入的观察。他患了一种强迫性神经症，几乎没有活下去的勇气。他不敢上街，因为他害怕他会杀害所遇见的任何人。他整天设想各种各样的证据，如果城里发生杀人案件，他可以证明自己不在现场，从而证明自己决不是杀人凶手。不用说，他是个道德高尚和受过高等教育的人。分析证明（顺便说一句，分析使他获得了痊愈），这种痛苦不堪的强迫观念是一种谋杀他那过分严厉父亲的冲动，使他大为吃惊的是，这种冲动在他7岁时就有意识地表现出来了。当然，其来源还可追溯到更早的童年初期。当他父亲身患重病痛苦地死去以后，病人的强迫性自责便产生了，这时他已31岁，采取了一种把恐怖症转移到陌生人身上的形式。他认为，一个想把自己父亲从山顶推到深渊的人，怎么能保证尊重与自己无关的其他人的生命呢？于是他把自己反锁在屋中就不足为奇了。

根据我的广泛经验，所有后来发展成精神神经症患者的儿童，他们的父母在其心理生活中占有首要的地位。在童年形成的精神冲动的材料中，对父母爱一方恨一方是其中的主要材料，也是决定后来神经症症状的重要因素。然而我从来不认为，精神神经症患者在这方面与其他人有什么明显的区别，也就是说，我不认为他们能够创造出绝对新奇的或别出心裁的东西。更有可能的是——这已为对正常儿童所做的附带观察所证实——他们不过是明显地表露了对自己父母爱和恨的感情，而在大多数儿童的心灵中，这种感情则不那么明显和如此强烈。

……

在上面我已提到了儿童内心的利己主义，现在我还可以指出这一特征与梦的联系，因为梦也具有利己主义的特点。所有的梦都是完全利己主义的：在所有的梦中都可以找到所爱的自我，即使它进行了伪装。梦中实现了的欲望毫无例外都是自我的欲望。如果一个梦看上去是为利他主义的兴趣所引起，那不过是披上了掩人耳目的外衣。这里我们分析几个看来似乎与这种论断相矛盾的梦例。

I

一个不到4岁的男孩，报告他梦见了一个大盘子里装了蔬菜和一大块烤猪腿。突然那块猪腿肉被吃完了——肉是整块的没有切开。他并没看见是谁吃了肉。

在这个小男孩做的梦中，贪吃这块烤肉的陌生人究竟会是谁呢？他在做梦当天的经历必定对我们有所启迪。医生规定他最近几天只能吃牛奶,在做梦那晚,他因为调皮,他被罚没有吃晚餐就去睡觉了,他曾受过这种饥饿疗法,而且勇敢地表示并不在乎这种剥夺。他知道他会吃不到东西,但不说一句肚子饿的话。管教对他已经开始产生作用,在这个梦中得到了证实,它揭示了梦伪装的起源。毫无疑问,梦中对这块美味烤肉馋涎欲滴的人就是他本人。由于他知道自己被禁止吃肉,所以在梦中就不像饥饿的儿童那样坐下大吃一顿(参见我女儿安娜吃草莓的梦),于是吃肉的人就成了匿名者了。

Ⅱ

一天晚上,我梦见在一个书店橱窗里,看到了我一直要买来收藏的——有关大艺术家、世界史、著名城市等的专集。这套新丛书叫《著名演说家》或《著名演讲集》,它的第一卷标题为《莱契尔博士》。

在我分析这个梦时,我觉得好像在梦中不可能去关心莱契尔博士,一位德国国会反对党的长篇大论演说家的名声。其实情况是这样的,几天前我为几个新病人进行了精神治疗,不得不每天与病人进行10到11个小时的谈话,因此那个滔滔不绝的演说家正是我自己。

Ⅲ

另一次我梦见一位我熟悉的大学同事对我说:"我的儿

子是近视眼。"接着是一段简短对话和反驳。然后在第三段梦景中,出现了我和我的大儿子。就梦的隐意而言,M教授和他的儿子不过是稻草人,实际上代表了我和我的长子。后文我将回到这个梦,对它的另一特性进行讨论。

IV

下面这个梦例,可以看出一种真实的极端利己主义感情如何隐藏在虚伪的关怀后面。

我朋友奥托看上去生病了。他脸色潮红,眼球突出。

奥托是我家的家庭医生,我对他深表感激:他多年来照看着我孩子们的健康,每当他们生病时,他总是为他们进行治疗,非常有效。而且,只要有机会,他还给他们带一些礼物。在做梦那天,他拜访了我家。我妻子曾经说过,他看上去紧张疲劳。当晚我就做了这个梦,他看上去有巴塞杜氏病(突眼性甲状腺肿)的症状。如果人们不遵照我解释梦的原则,都会认为我是在关心朋友的健康,并且在梦中表现出了这种担忧。这不但与我主张的梦是欲望的满足相矛盾,而且也不符合我所说的梦仅仅表现了利己主义的冲动。但是,我倒会很高兴如果用这种方式解释梦的人就能解释为什么我对奥托的担忧要与巴塞杜氏症联系起来，这种病与我朋友的面容实际上并无相似之处。我的分析从另一方面把我引向6年前发生的一件事。我们一行人，包括R教授在内，在漆黑的夜里乘车穿过N森林，森林离我们避暑地还有几小时路程。当时司机不很清醒，连车带人翻倒在堤下。幸亏我们运气好没有受伤。但当晚我们不得不在附近的小旅店投宿。一位有明显巴塞杜氏病症状的绅士，就像与梦中一样，面色褐红，双眼突出，只是没有甲状腺肿。他尽力帮助我们安顿好，并问我们还需要他做些什么。R教授直截了当地说："没有什么，只需借一件长睡衣。"这位男子果断地回答说："对不起，我做不到。"说罢就转身走了。

当我继续分析下去时，我想起巴塞杜氏不但是一个疾病名，而且也是一位著名的教育家（我在清醒时对此感到不那么有把握）。但是我曾委托我朋友奥托，假如我出了什么意外，请他负责我孩子们的教育，特别是在青春期（所以才提到长睡衣）。在梦中，我把那位慷慨的帮助者的症状加在奥托身上，无疑是想说，假如我出了意外，他会和那位L男爵那样，尽管答应帮忙，对孩子们却不会提供任何帮助。梦中这一条利己主义的线索，似乎足够清楚的了。

但是，这个梦的欲望的满足表现在何处呢？它不是表现在我对我朋友奥托的报复，他在梦中似乎总是注定要受我不好的对待，而是出现在下面的考虑之中。当我在梦中把奥托代替L男爵的同时，我却以另外一个人即R教授自居了。正如在我上面所说的这件事中，R对L男爵有所请求，我对奥托也有所请求。这点就是关键所在。我不敢在所有方面与R教授相提并论，但是我与他相似。他在学术界之外开辟了一条独立的道路，一直到晚年才获得他理应得到的荣誉头衔。所以，再一次满足了我要成为教授的欲望！的确，"晚年"这个词本身就是一种欲望的满足，因为它意味着我能活得很久，可以亲自照料孩子们的青春期。

（三）其他典型的梦

我没有亲身体验过其他一些典型的梦，如梦见自己愉快地在空中飞翔或焦虑地坠落。我对这类梦所要说的一切均来自精神分析。分析提供的材料使我们能断定这些梦也是重复了童年的印象。也就是说，这些梦涉及了对儿童具有吸引力的内容，包括运动动作在内的游戏。那个叔舅曾举起双臂把小孩举过头顶，在房里冲来冲去告诉他如何飞翔；或者让他骑在自己的膝上，然后突然伸直双腿让他滑下来；或者把他举过头部，然后突然假装让他落下。儿童们非常喜爱这种游戏，不厌其烦地要求反复再做，特别是在他们感到有点害怕和头晕的时候。在后来的日子里，他们在梦中重复了这些体验,但是在梦中,梦见自己离开了支撑他们的双手,使得他们可以悬在空中或因没有支撑而掉下来。我们都知道,儿童们非常喜欢荡秋千和坐跷跷板这样的游戏。当他们在观看马戏团的杂技表演时,便勾起了对这类游戏在记忆的再现。男孩子们的癔症发作有的仅仅包含这类动作的再现,他们能很熟练地完成这些动作。这类游戏本身虽然很单纯,但常常产生性感。如果我能用词语来描述这类活动,则梦中反复出现的是飞翔、跌落、晕眩等;而依附于这些动作的快感则转变成了焦虑。每一个母亲都知道,儿童的兴奋性游戏实际上总是以吵架和眼泪结束。

因此,我有充分理由反对这种理论,即认为飞翔和跌落的梦来源于睡眠时的触觉或肺部的运动感觉等。我的看法是,这些感觉本身作为记忆的一部分在梦中再现:也就是说,它们是梦的一部分内容,而不是梦的来源。

但是,我必须承认我对这一类典型梦还不能作出充分的解释。我的材料正好在这方面置我于困境之中。然而,我还是坚持我的观点。典型梦中产生的触觉和运动感觉,只有在精神需要利用它们时才被立即唤醒,而在不需要它们时,它们便受到了忽视。我还发现,根据我对精神神经症患者的分析,这些梦与幼儿期的经历之间肯定存在着某种联系。我还不能肯定,在后来生活过程中,这些感觉的回忆会附上一些什么别的意义——尽管仍然表现为典型梦,或许其意义因人而异。我十分乐意通过对一些清晰的梦例进行分析来填补这个空隙。有些人也许感到奇怪,为什么飞翔、跌落、拔牙这一类梦经常发生,而我偏偏要抱怨缺乏这一类材料。对此我必须加以解释,因为自从我集中注意力在分析梦上以来,我自己还没有做过这一类梦。而且,我本可以利用的那些精神神经症患者的梦,因其中有很多我不能了解其隐藏的全部意义,而且还有一种参与神经症发生的精神力量,阻碍了我们对这类梦进行更深层次的解释。

(四) 考试的梦

每个通过中学结业考试获得升学证书的人,总是抱怨受到不及格的焦虑梦的纠缠,或者梦见自己非补考不可等。对于已经获得大学学位的人,这种典型梦表现的又是另外一种形式,他梦见没有通过大学毕业考试;尽管他们在梦中徒劳地反对说,他们毕业已经多年,或者早已是大学里的讲师或主治医生了。我们在童年因调皮捣蛋受到的惩罚永远保留在我们的记忆之中。在我们学生时代两次关键性考试的"苦难日子"里,这些记忆再次变得活跃起来。神经症患者的"考试焦虑"因为同样的童年恐惧而加强。当我们结束了学校的学习生活后,我们的父母或抚养者以及后来我们的教师不会再惩罚我们了,现实生活中那些无情的因果关系起到了对我们进一步教育的责任。每当我们做错了事或发生渎职时,我们便担心事情本身会带来惩罚——总而言之,每当我们感到责任心的重担时,我们便梦到了升学考试和学位考试。(即使做了充分准备,又有谁不对考试提心吊胆呢?)

为了对考试梦作进一步的解释。我必须感谢我一位有经验的同事(斯特克尔),他在一次科学讨论会上宣布,按照他的经验,只有顺利通过考试的人才会做入学考试的梦,没有通过考试的人往往从不做这种梦。因此,焦虑的考试梦(已经一再证明,梦者如果次日有一项需负责任的活动,而又担心完不成任务时,就会做这种梦)好像是在寻找过去的某种情况,其中产生的巨大焦虑已经被证明是不合理的,或与事实本身相矛盾的。这是一个梦内容被清醒状态所误解的很好例子。对梦提出的那种愤怒反驳:"但我已经是一个医生了!等等。"实际上乃是梦所提供的安慰,所以,我可以解释为"不要害怕明天!只要想一想你在升学考试之前是何等的紧张,结果你什么事也没有,现在你已经是一个医生了,等等"。因而梦中出现的焦虑实际上来源于白天的残余。

我对自己以及对别人所作这样解释的验证,虽然为数不多,却已经证实了这种解释的有效性。例如,我法医学的期终考试从来没有及格过,但我在梦中从来没有为这件事担忧过，而我却常常梦见植物学、动物学和化学的考试。我曾为准备这些考试感到非常焦虑。但是，不知是上帝保佑还是老师的慈悲，我总算过了关。在我有关学校考试的梦中，经常梦见历史考试，那年我这门课考得特别好——真实的情况是这样的，因为（在口试中）我那位心地善良的老师（另一个梦中的那位独眼恩人），在我交回答题单时，他注意到了我用指甲对三个题目中间的那个画上了记号，暗示他对这个题目不要过于苛求。有一个病人告诉我，他决心放弃第一次升学考试，最后他却通过了；他在后来参加部队考试时失败了，因而从未得到任何委任。他说他常梦见前一种考试，却从未梦到过后一种考试。

关于考试梦的解释，遇到了我已经指出的大多数典型梦所共有的困难。那就是梦者提供的这方面材料太少，因此不能作出充分的解释。只有搜集了相当数量的这一类梦例之后，我们才能对它们有更好的理解。不久前，我得出了一个结论，认为"你已经是一个医生，等等"的反对意见，其实不仅是一种安慰，而且还表示了一种自责。这句话可以这样解释，"你现在已经老了，有生之年不多了，你却还要继续做这些愚蠢、幼稚的事情"。因此这种自我批评和安慰的混合应该说是符合考试梦中的隐意的。如果是这样，那么最后这些梦例中出现的"愚蠢的"、"幼稚的"自责是指应受斥责的性动作的反复，也就没有什么大惊小怪的了。

威廉·斯特克尔第一个把升学（matura）的梦解释为一般与性体验和性成熟有关。在我的经历中，经常能证实他的观点。

梦的表现手段

如果有这样一个梦念:"因为是这样的,所以那样必定会发生"。梦中经常使用的表现方法就是用从句作为序梦,而以主句作为主梦。

我的一位女病人曾经在一个梦中采用这种表现因果关系的方式,为我们提供了一个很好的例子。我将作充分的描述。它包括了一个短的序梦和一段相当广泛的梦,梦内容明显地集中于一个主题,这个梦的题目可称之为"花的语言"。

序梦是这样的:她走进厨房,那里有两个女仆,她找她们的毛病,因为她们还没有把她"那份食物"准备好。同时她看见厨房里大量厨具都口朝下堆叠着,以便晾干。两个女仆出外提水,必须涉过那条直接流到她屋前或院内的那条小河。接着是主梦，开始是这样的：她从一些以奇特方式构成的木栅的上面下来，因为她的衣服没有被绊着，她感到非常高兴……

序梦与梦者父母的住处有关。梦中所说的话无疑是她听到她母亲经常说的话。那一堆家用厨具则来自位于同一建筑物的一家普通杂货店。梦的另一部分与她父亲有关，他经常纠缠女仆，最后在一次洪水时（住宅靠近河岸）患重病死去。因此隐藏在序梦背后的思想是这样的："因为我出生在这种家庭，生活在简陋和恶劣的环境中……"主梦接过这同一思想，通过一种欲望满足的修正方式来表现："我出身高贵。"因此，其真正存在的思想是："因为我出身如此卑微，我的一生只能如此这般了。"

表现力的考虑

我已经给了好几个例子，其中梦的表现都只由模棱两可的言辞结合而成（例如，在伊尔玛打针的梦中"她适当地张开了嘴"，以及我刚才引证的梦"终究我不能走开"）。我现在再记录一个梦，其中抽象思想转变为图像起了相当大的作用。这类梦的解释与象征性解释梦之间的区别仍然是很清楚的。在象征性解释梦的案例中，象征化的关键是由梦的解释者任意选择的；而在我们的文字伪装的案例中，其关键则为已经知晓并被牢固建立了的语言用法为基础。如果一个人在适当的时刻有正确的观点任其使用，那么他就能全部或部分地解决这类梦，甚至不必依赖梦者的信息。

我熟悉的一位女士做了如下的梦：她正在歌剧院中。正在上演瓦格纳的一部歌剧,直到早晨七点三刻方始结束。剧院正厅里摆了些桌子,人们正在那里吃喝。她的刚从蜜月归来的表兄和他年轻的妻子坐在一张桌旁,在他们旁边还坐着一位贵族。看起来她表兄的妻子把他从蜜月中带了回来,相当公开地,就像是带回了一顶帽子似的。在大厅的中央有一座高塔,塔的顶部有一个四周围着铁栏杆的平台。指挥高高地站在顶上,他的相貌很像汉斯·里克特,他沿着栏杆不停地跑着,汗如雨下。他就在这个位置指挥着聚集在塔下的乐队。她自己正和一位女友(我认识的)坐在一个包厢内。她妹妹想从厅里递给她一大块煤,因为她不知道它会有那么长,现在一定会冻僵了(就好像在长时期的演奏中包厢需要加温似的)。

尽管这个梦很好地集中于一个情境,然而在其他方面却十分没有意义:例如,大厅中央的塔,指挥从塔顶上指挥着他的乐队!尤其不可思议的是她妹妹递给她的那块煤。我故意不去要求分析这个梦,但是因为我对梦者的某些私人关系有所了解,我不依赖她就能分析梦的某些部分。我知道她非常同情一个音乐师,他因发疯而过早地结束了他的音乐生活。所以我决定把正厅中的塔当做一种隐喻。她希望那位音乐师高高地站在里克特的位置上,超出于乐队其他成员之上。这个塔可说是由并列组成的一幅复合图,塔的下部代表这个人的伟大；而他在塔顶的栏杆后面四面跑着，就像一个囚徒或笼中困兽（这也暗指着这个不幸的人的姓名），表示了他的最终命运。这两个观念就合成了"疯人塔"这个词。

在如此发现了梦所采取的表现形式之后，我们就可以试图使用同样的线索来解决第二个明显的荒谬性，即梦者的妹妹将煤递上去给梦者。"煤"必定意味着"秘密的爱"。

没有火，没有煤
却燃烧得如此炽热
就像秘密的爱那样
永远无人晓得。

——德国民歌

她本人和她的女朋友一直还没有结婚（德文为sitzen geblieben，字面英译为left sitting，中文意译为"坐冷板凳"）。她那仍然有希望结婚的妹妹给她递上了那块煤，因为她不知道它会有那么长。梦中并没有指出什么会有那么长。如果它是个故事，我们就可以说是指"演出"，但因为它是一个梦，我们就可以把这个短语当做一个独立的实体来看待，断定它是模棱两可的，并可加上"在她结婚之前"这些字眼。梦者的表兄和他的妻子在正厅里坐在一起，再加上后者的一段公开的恋爱史,都进一步支持了我们对"秘密的爱"的解释。这个梦的重点是秘密的和公开的爱之间,以及梦者自己的热情与年轻妻子的冷漠之间的对立;此外,在这两种情况中都有"身居高位"(highly placed)的人,这个词同样适用于那个贵族和被寄予很高希望的音乐家。

从上面的讨论终于引导我们发现了第三个因素,它在由梦念转变为梦内容中所起的作用是不可低估的:梦对所利用的特殊精神材料上表现力的考虑——大部分为视觉意象的表现力。在依附于主要梦念的各种次要思想中,那些易于成为视觉表象的常被优先地选了出来;而且梦的工作还努力将那些不太适合的思想重新改造成为一种新的语言形式——甚至是一种不寻常的形式——只要这种过程对梦的表现有所促进并因此而能将那被约束的思想所引起的心理压力予以释放。把梦中思想内容改铸成另一种模式的这种工作,同时还可为压缩作用的目的服务,而且还可以为本来不会出现的另一种思想形成新的联系,而这第二种思想,因要与第一种思想在半途会合,很可能已预先改变了它本身原先表现的形式。

梦的象征表现

（一）帽子是男人（或男性生殖器）的象征

（摘自一个年轻妇女的梦，她由于害怕而得了旷野恐怖症）

夏天，我正在街上散步，戴了一顶奇形怪状的草帽，草帽中部向上弯曲，而两边下垂（这时描述变得犹豫不决）而且一边比另一边垂得更低。我心情愉快，充满自信，当我经过一群年轻官员时，我想，你们对我都无可奈何。

由于在梦中帽子与她没有发生任何关系，所以我说："无疑帽子代表男子的生殖器。它的中间部分翘起，而两边下垂。你可能会觉得奇怪，为什么帽子会代表男人。你会记得这句成语Unter die Haube Kommen["去找一位丈夫"（字面意义为"到帽子下面来"）]。对帽子的两边不等地下垂的细节，我对她有意地不作解释；虽然正是这种细节才是决定解释的关键所在。我继续对她说，因为她的丈夫有如此完美的生殖器，所以她用不着害怕那些官员——那就是说，她用不着期望从他们身上得到什么。由于她有受诱惑的幻想，通常她都是被阻止单独或没有保护地一个人出去散步的。我已经根据其他材料对她的焦虑好几次给予了她上述的解释。

梦者对这一材料的反应方式最为引人注意。她收回了对帽子的描述并且坚持她从没有说过两边下垂的话。我深信我听到过这句话，毫不动摇。她沉默了一会儿，然后鼓足勇气问我，她丈夫的睾丸一边比另一边低些是什么意思，别的男人是否也是如此。就这样帽子的这个显著细节得到说明，她对我的解释也就接受了。

当我的病人告诉我这个梦时，我早已熟悉了帽子的象征。其他一些不太理解的梦也使我猜想到帽子也代表女性生殖器。

（二）小便的象征

下面所说的一组图画是费伦齐在匈牙利的一个名叫Fidibusz的漫画期刊上发现的，他立即看出它们可用来证明梦的理论。奥托·兰克已在一篇论文中予以转载。

这组图画的标题是"一个法国保姆的梦",但是只有从最后的那一幅保姆被儿童的啼哭所惊醒的画中,才告诉我们前面七幅画都代表梦的各个阶段。第一幅描绘本应当使梦者惊醒过来的刺激:小孩感到有需要并且要求帮助。但是在梦中,梦者却不是在卧室,而是带着小孩在散步。在第二幅图画中,她已经把他带到街上去小便——于是她就能继续睡下去。但是惊醒的刺激继续不断,而且确实在增强。小男孩发现自己没人理会,声音越哭越大。小孩越是想要保姆醒来帮助他,梦却越是变得坚持认为一切都已安排妥当,用不着她醒过来。同时梦又把不断增强的刺激解释成为更多方面的象征。小男孩尿出来的小溪变得越来越大。在第四幅图画中,水已经涨得可以浮起一只小艇,然后可以浮起的是大型平底船、帆船,最后是轮船。这位天才的艺术家用这种巧妙的手法描述了渴求睡眠与不断唤醒的刺激之间的斗争。

(三)真实的感觉和重复的表现

一个现年35岁的男子报道了一个他记得很清楚而且可以肯定是4岁时做的一个梦。负责他父亲遗嘱的律师——他3岁时父亲便已去世——给他带来了两个大梨。他把一个拿来吃了,把另一个放在卧室的窗台上。醒后他坚持梦见的是事实，顽固地向他母亲要第二只梨，并坚持认为它放在窗台上。他的母亲对此感到好笑。

分 析——律师是一位乐观的老绅士。梦者似乎记得他确实曾经买过一些梨子。窗台则与梦中所见无异。除了不久前母亲曾告诉过他一个梦外，其他发生过的事情都与它毫无关系。她梦见有两只鸟蹲在她的头上，她问自己它们什么时候会飞走：它们并没有飞走，而且其中一只还飞到她的嘴边进行吸吮。

梦者在联想上的失败使我们不得不尝试用象征替代物进行解释。两个梨是她母亲曾经给他哺育的两个乳房；窗台是她胸部形成的凸出物——像房屋梦里的阳台。他醒过来之后的真实感是有道理的，因为他的母亲确曾给他哺乳，而且哺乳的时间事实上远远超出平常哺乳的时间，所以他母亲的乳房仍对他有用。这个梦应当解释为"母亲，请把我过去经常吸奶的乳房再给我吧"。"过去"代表他吃的第一个梨。"再"表示他对另一个的渴望。一个动作在时间上的重复，在梦中总是用数目的多次性予以表现。

当然，象征性居然在一个4岁儿童的梦中起作用是非常引人注目的。但这是规律而并非例外。我们可以肯定，梦者从一开始做梦起就能使用象征了。

在空中飘浮或飞行的梦

在空中飘浮或飞行的梦（照例带有愉快情调）具有各种不同的解释：对某些人来说，这些解释带有个人性质，对另外一些人则甚至具有典型色彩。我的一位女病人经常梦见她在街道的一定高度上足不着地地飘浮着。她非常矮，又害怕碰着别人弄脏了自己。她的飘浮满足了她的两个欲望，一是双足离地，二是把头伸到更高的空中。我发现另一个女人的飞行梦表达了她的"像一只鸟"的欲望，还有一些梦者夜间梦见变成天使只是因为白天没有被人称为天使。飞行和鸟观念的密切联系说明了为什么在男子的飞行梦中具有十足的性意义，每当我们听到有些梦者夸耀他们的飞行能力时，我们也不必感到惊奇了。

保罗·费登医生（维也纳，后到纽约）提出了一个很有吸引力的理论，认为许多这类飞行梦都是表示勃起的梦，因为人们的想象所经常关注的奇异的勃起现象，以及它对法律正当性的明显疑虑，给人留下了深刻的印象（参考古人配有羽翼的男性生殖器）。

一个引人注意的事实是，一位对解释梦持否定看法的梦的严肃研究者穆利·沃尔德，竟然也支持对飞行式飘浮的梦作出情欲的解释。他谈到了情欲因素是"飘浮梦的最强有力的动机"，并提醒大家，这一类梦伴有身体的强烈震动感，并指出它们经常伴有勃起式遗精。

另一方面，跌落梦往往以焦虑为其特征。妇女做这种梦不难加以解释，她们总是以跌落这种方式来象征屈从于情欲的诱惑。我们也可以追溯到跌落梦的幼儿期根源。几乎每一个孩子在幼时都曾跌落过，然后又被抱起来和爱抚，如果他们在夜间从他的小床上跌下，他的母亲或保姆就会把他抱上床去。经常梦到游泳和对破浪前进感到极大快乐的人照例有尿床的习惯。他们在梦中重温他们早就知道应该戒除的乐趣。

关于水的梦

下面是一位女病人做的一个可爱的关于水的梦,这个梦在治疗上起到了一定的作用。在她的暑期疗养地,在某个湖畔,正当苍白的月光照耀在湖面时,她潜入了黑暗的湖水之中。

这是一个分娩的梦。要将报告出来的显梦中的事实颠倒过来才能解释清楚。因此,"潜入水中",我们就要代之以"从水中出来",也就是"出生"。如果我们能记得法文lune(月亮)的俚语意义("底部"),就会发现儿童出生的部位,于是苍白的月亮就是白色的底部,儿童很快就会猜到这是他们出生的部位。病人希望她在暑假疗养地出生又是什么意思呢?我问了她,她毫不犹豫地回答说:"这难道不像我经过治疗而再生吗?"因此这个梦是邀请我为她在休养地继续治疗——也就是说,邀请我到那里去。也许其中还包含有一种羞怯的暗示,即病人期望自己变成母亲。

身体的刺激

尿道刺激梦的象征作用特别明显,自古以来就为人们所承认。希波克利特已表达了这种观点,认为喷泉和泉水的梦,表明了膀胱的失调(哈夫洛克·埃利斯)。施尔纳研究了尿道刺激象征的多重性,认为"相当强的尿道刺激总是转为性区域的刺激作用及其象征性表现……尿道刺激梦往往是性梦的代表物"。

我注意到奥托·兰克在其论象征唤醒梦的层次作用一文的讨论中,认为很可能大量的尿道刺激梦事实上是由性刺激引起的,而后者一开始就企图"倒退地"从幼儿园的尿道性欲形式中取得满足。有些梦特别富有启示性,其中发生作用的尿道刺激导致醒来排尿。但梦仍持续不已,往后便在不经伪装的情欲想象中表达了需要。

肠刺激的梦以类似方式表明了它所包括的象征作用，同时还证实了社会人类学家充分证明了的黄金与粪便之间的联系。因而，例如，一个正在治疗肠胃病的妇人梦见一个人在一座好像乡间厕所的小木屋里埋藏金银财宝。梦的第二部分是正在为她的小女孩拉屎以后揩屁股。

救援梦与分娩梦是相联的。在妇女的梦中，去救援，特别是从水中救援，有着与分娩同样的意义；如果梦者是男人，意思就不同了。

强盗、窃贼和鬼怪，这些使人们在睡觉前感到害怕，甚至在睡着后也来追逐他们的东西，统统来源于同一类童年记忆。他们是夜间的访问者，唤醒孩子们并叫他们起来以免尿湿床，或者是揭开被子弄清楚孩子们在睡眠时手放在哪里。对某些这类焦虑梦的分析使我更可能准确地弄清这些夜间来访者的身份。在所有的梦中，强盗大抵代表睡者的父亲，而鬼怪多半为身穿睡袍的女性。

梦的感情

下面我首先举一个梦例,其中观念内容本应该促成感情的释放,但表现为感情明显缺乏,分析对此进行了解释。

她在沙漠中看见了三头狮子(Lions)。其中一头向她大笑;但她对它们毫不感到害怕。后来她必定是逃离了它们,因为她正试图攀爬一棵树;但她发现她的表姐,一位法国教师,已经在树上了,等等。

分析得出了如下材料。梦中的无关诱因是她的英文作文中的一个句子,"鬃毛是狮子的装饰物"。她的父亲脸上的胡须长得像鬃毛。她的英国教师的名字叫莱昂斯小姐(Miss Lyons)。一个熟人送给她一本洛伊(Loewe,德文意为狮子)的民歌集。这就是三头狮子的来历。她有什么理由要害怕它们呢？——她读到一个故事，讲到一个鼓动同伴起来反抗的黑人，被猎犬追逐而爬到一棵树上逃命。她在兴奋之余，又说出了若干记忆片段，如在文选中说明如何捉狮子："将一片沙漠放在筛子上筛，狮子就被筛选下来了。"还有一则非常有趣但并不得体的故事：有人问一位官员为什么不想法巴结他的本部门头头，他回答说，他已尽力去做，但是他的上司已经捷足先登了。当发现这位女子在做梦那天她丈夫的上司曾来拜访过，整个梦的内容就变得不难理解了。这位上司对她彬彬有礼，并吻了她的手，她对他一点也不害怕，虽然他是一个"大亨"（德文为Grosses Tier=大动物），而且在她的祖国首都扮演着"社会名流"（social lion）的角色。所以这头狮子就像《仲夏夜之梦》中的狮子一样，原来是一个志同道合者，凡是梦见狮子而不感到害怕的人都属于这种情况。

梦过程的心理学

在别人对我所讲的梦中，有一个梦在梦的过程方面特别引起我的注意。这个梦是一位女病人告诉我的，她说是从一个有关梦的报告中听来，而我至今还弄不清楚它的确切来源。这个梦的内容给这位女士留下了深刻的印象，致使她进而"再梦"到它，就是说，她在自己的梦中重复了这个梦的某些元素，因此通过这种方式她就可对某一特殊之点表示了自己的赞同。

这个典型的梦的开端是这样的：一位父亲日夜守护在他孩子的病榻旁边。孩子死了以后，他到隔壁一间房内躺下休息，但是他让中间的门开着，由此他可以从自己的卧室看到邻室中一些燃烧着的蜡烛环绕着孩子的遗体。一位雇来的老人守护着它,在它旁边低声祷告着。父亲睡了几小时以后,梦见他的孩子站在他的床边,拉住他的一只手臂,抱怨地低声说:"爸爸,难道你没看见我正在烧着吗?"父亲惊醒过来,看见邻室闪耀着火光。他冲入室内,发现那年老的看守人已经睡着,一支燃烧着的蜡烛倒了下来,把心爱孩子的裹尸包被和孩子的一只手臂烧着了。

我的病人告诉我,报告人对这个感人的梦所正确给予的解释非常简单。那明亮的火光通过敞开的门照射到睡者的眼睛上,使他产生了如果醒过来也会作的同样结论,就是说,一支蜡烛倒了下来,把尸体旁边的什么东西烧着了。很可能他在去睡觉时就在担心,不知那老年人是否能完成他的任务。

我对这种解释非常赞同,不过要补充几句:梦的内容必定是多重性决定的。孩子在梦中讲的话必定在他生前也曾说过,并且与他父亲心中认为重要的事情有联系。例如,孩子那句抱怨的话"我正在烧着"也许与孩子临死前发高烧有关,而"爸爸,难道你没看见?"也许与我们不知道的其他某件高度敏感的事情有关。

我们现在已经承认梦是有意义的过程,而且符合梦者的精神体验的来龙去脉,但我们仍然不免感到惊奇,为什么梦总恰恰是在急需要醒来的时候发生。在此我们还注意到,这个梦也包含着一种欲望的满足。梦中死孩的举动与他活着时一模一样：他亲自警告他的父亲，他来到父亲的床边，抓着父亲的手臂，就像在记忆中孩子在发烧时做过的那样，孩子的上半截话就由此而来。正是为了要满足这个欲望，父亲才将睡眠延长了一会儿。父亲选择了梦而未采取醒后推想是因为梦能表明小孩还在活着。如果父亲先醒过来，得出结论，再跑入邻室，那他就好像使孩子的生命缩短了这一梦中出现的那一段时间了。

焦虑梦

已经有若干年我自己没有做过真正的焦虑的梦了。但是我记得七八岁时曾经做过一个这样的梦,直到30年后才来进行分析。这个梦非常生动,梦中我看见我心爱的母亲,脸上有着一种特别安详的入睡的表情。两三个长着鸟嘴的人把她抬进室内,放到床上。我在哭喊中醒来,把父母都吵醒了。这种奇特披挂,身体异常高大的长着鸟嘴的形象来自菲利普森圣经上的插图,我猜想它们必定是古代埃及墓上雕刻的长着鹰头的神。此外,分析还使我想起了一个看门人的坏男孩,我总是想到他的名字叫菲利普。我们小时候总是在屋前的草坪上一起游戏。我第一次从他那里听到性交的痞话,有教养的人都是用拉丁文"交媾"这个字眼的,梦中选择"鹰头"便清楚地说明了这一点。我必定是从我那老于世故的年轻导师脸上的表情看出了那个字的性的意味。梦中我母亲脸上的表情则来自我看到的祖父的面容,那是他在去世的前几天,他在昏迷状态中打鼾。因此梦中润饰作用作出的解释就成了我母亲生命垂危,而墓雕也与这一点相合。我在焦虑中醒来,一直把父母吵醒后还没有平息。我记得当我看见母亲面孔时,突然地平静下来,好像我需要看到她并没有死的保证。但是这种对梦的"续发性"的解释,在发展了焦虑的影响之下已经形成了。我并不因为梦见母亲生命垂危而产生焦虑,但是我在前意识中作出这种解释是因为我已处于焦虑影响之下。如果把压抑考虑在内,焦虑可以追溯到一种模糊但是显然是性的渴望,它在梦的视觉内容中得到适当的表达。

潜意识与意识——现实

一个14岁的男孩因患抽搐、癔症性呕吐和头痛等症状,到我那里来请求精神分析治疗。我在治疗开始时告诉他,他如果闭上眼睛,就会看见一些图像或者产生一些观念,然后把这些东西告诉我。他用图像告诉我。他在找我之前的最后印象在他记忆中以视觉形象复现了出来。他那时正和他的叔叔在玩跳子棋,看到棋盘就摆在他眼前。他想起来了各种不同的跳法,有有利的和不利的,以及一些被禁止的走法。然后他看见棋盘上放着一把匕首——本是属于他父亲的东西,但他的想象把它放在棋盘上了。然后棋盘上又出现了一把镰刀,然后又是一把长柄大镰刀。接着出现的图像是,一位老农在离他家很远的地方用大镰刀刈割草地。几天以后,我发现这串图画的意义了。这男孩正为不幸的家庭处境所困扰。他的父亲是一个冷酷无情的人，时常大发脾气。他和这男孩母亲的婚姻非常不幸。他的教育方法主要是威胁。他的父亲终于在和他那温柔而可爱的母亲离婚后又结了婚，有一天带回来一个年轻女人，成为这男孩的后母。就在这件事情的几天之后，这14岁的男孩发病了。他对他父亲被压抑的愤怒，在他可理解的暗喻范围内构成了上述一连串图像。这些图像的材料来自对一个神话的回忆。镰刀是宙斯用来阉割他父亲的工具，大镰刀和老农夫代表克罗诺斯，这个凶猛的老人吞食了他的孩子们，宙斯便对他施行了如此不孝的报复。他父亲的结婚给了这孩子一个机会，去报复许久以前因为玩弄自己的生殖器而从父亲那里听来的责骂和威胁（参见玩跳子棋、被禁止的走法、可用来杀人的匕首）。在这些例子中，长期被压抑的记忆以及一直被保存在潜意识中的它们的衍生物，都以一种显然没有意义的图像，通过一条迂回的道路，悄悄地进入了意识之中。

梦中的计算

梦内容中的计算只不过说明梦念中的计算，后者总是合理的，但如果它的因素被凝缩了，或者如果它的数字运算被移置到别的材料上面，梦的计算就会产生最意料不到的结果。就连梦内容中的言语也不是原来的复合物，它们证明是一些讲述的、听到的和读到的言语大杂烩，这些言语在梦念中复活了，它的用词被准确地复制了，然而它们的来源完全被忽略，它们的意义被粗暴地窜改了。

这是一个包含着数字的有明显意义的梦。她正打算去付账。她的女儿从她（母亲）的钱包里取出了3个弗洛林和65个克鲁斯。梦者对她说："你这是做什么？它只值21个克鲁斯。"

梦者从国外回来，她的女儿在本地上学。只要她女儿停留在维也纳，她就会到我这儿来进行治疗。做梦的前一天，女校长向她建议让她女儿在学校里再读一年。在那种情况下，她也可以继续治疗一年。如果我们记得"时间就是金钱"这句话，梦中的数字就变得有意义了。一年是365天，或者用金钱来表示，是365个克鲁斯或者3个弗洛林65个克鲁斯。21个克鲁斯符合梦日与学期终了之日之间的3个星期，也就是治疗终了之期。很明显，由于金钱的原因，这位妇女拒绝了校长的建议。这就是梦里讲到钱数那么少的缘故。

弗洛伊德生平
[英]欧内斯特·琼斯

弗洛伊德自传
The Autobiography of Sigmund Freud

西格蒙德·弗洛伊德是奥地利医生，精神病学家，心理学领域的新学派——精神分析学的创始人。弗洛伊德在人类行为学方面提出了不少革命性的、颇有争议的观点。他还为治疗行为方面的疾病建立了一套新的体系。

1856年5月6日，弗洛伊德出生在摩拉维亚的弗赖堡（现属捷克斯洛伐克）的一个中产阶级家庭，父母都是犹太人。他起初的名字是西吉斯蒙德（Sigismund），再加上一个犹太字所罗门（Solomon），但是十七岁那年，他把第一个字改为西格蒙德（Sigmund）。

弗洛伊德三岁时全家迁居维也纳。父亲雅各布·弗洛伊德的前妻生的两个孩子比西格蒙德大二十岁左右，他们没有去维也纳，而是移居到英国的曼彻斯特。西格蒙德是他父亲与后妻生的长子，下面还有两个弟弟和五个妹妹。他的早年生活是在极度贫困中度过的。

准备的年代

青年时代,弗洛伊德对一般的哲学和人道主义问题很感兴趣,但是,他觉得必须有一种严格的科学训练来约束自己丰富的想象力。因此,在一个犹太慈善机构的资助下,他于1873年进维也纳大学医学院学习。

弗洛伊德从事大部分研究工作的生理实验室主任是恩斯特·冯·布吕克,他是一个要求严格的训练者,一个在科学研究方面无懈可击的人物。他的人格对这位年轻的学生产生了不可磨灭的影响。弗洛伊德发表的第一篇论文介绍了一项杰出的研究工作,他证明了低级动物的脊髓神经节细胞与高级动物的同一性,这在过去是一个长期争论不休的问题。弗洛伊德的证明,对进化论是个有益的贡献。不久以后,他又撰文描述了神经细胞的构造,从而为神经元的理论奠定了基础,这也是现代神经学的基础。就因为致力于这些重要的研究工作,弗洛伊德拖了两年时间才评到医学职称。即使在评定以后,他还是把自己的工作局限在实验室里。他不喜欢数学物理,他的工作始终在组织学方面,即组织构造的研究。

接着,弗洛伊德开始用显微镜揭示人的神经系统的各种神经束。他在这方面的主要工作是研究延髓,也就是头脑中最低级的部分。他终于理清了脊髓和小脑之间的种种联系。然而其中最有价值的部分,是他对听觉神经进行全面彻底的研究,以及对脑神经感觉神经核与脊髓的感觉神经结具有相同的证明,后者是对进化论的又一重大贡献。这些研究成果发表于1885年到1886年间。

1882年,弗洛伊德爱上了他妹妹的朋友玛尔塔·贝尔纳斯。贝尔纳斯比弗洛伊德小五岁,出身于汉堡一个颇有名望的犹太家庭,那时正住在维也纳。弗洛伊德很快认识到自己必须干一种比较实际的工作,而不是那种纯粹的研究,于是就进了维也纳医院,当了一名住院实习医生。他三年里在医院的各个部门都工作过,因此在医学的各个方面都得到了充分的训练,但是他的兴趣则在他的导师T.H.梅涅特所负责的精神病学方面。在医院实习期间,他发表过一些有关可卡因的综合性研究成果,引起了医学界对这种药物的注意。弗洛伊德发现可卡因具有麻醉的特性，他向他的一些当眼科医生的朋友建议，在治疗眼疾时不妨可以用用。有一位名叫柯勒的医生发表了这一成果，因而被誉为局部（可卡因）麻醉的创始人。

在他医院工作结束的时候，弗洛伊德被授予一笔数目不大的奖学金，这样，他就能去巴黎旅行，并到萨尔帕屈里哀跟著名的神经病学家让·马丁·沙可学习。在巴黎学习的四个半月，成了弗洛伊德一生事业的一个重大转折点。沙可这位当时最有名望的神经病学家献身于癔病研究的情形，促使弗洛伊德也走上了同一条道路。这对他把兴趣从躯体方面转到心理方面，具有重要的意义。回到维也纳以后，他向医学协会作了巴黎的见闻的报告，但是受到冷落，这预示着他以后的工作将要得到同样的反应。

弗洛伊德于1886年春以神经病学家的身份私人开业行医，并在同年9月结婚。他的婚姻十分美满，共有六个孩子，三儿三女，最小的女儿安娜·弗洛伊德（Anna Freud）后来也成了一位著名的精神分析学家。弗洛伊德还作为神经病学家在一家儿童诊所工作过几年，并出版了两大卷论述各种小儿麻痹症的权威性著作。这样，他成了欧洲重要的神经病学家之一，他在这个领域中多年的工作，无疑对他后来心理学理论的形成，具有重大的影响。

精神分析学的初期

早在1882年,弗洛伊德的一位年事较长的同事和朋友约瑟夫·布洛伊尔就告诉他,有位叫安娜的病人曾受益于在催眠中恢复痛苦记忆的"疏泄"疗法。弗洛伊德又将这一情况向沙可讲过,但没有引起沙可的注意。弗洛伊德自己行医时对癔病病人使用过催眠疗法,效果并不令人满意,因此他于1889年前往南锡,向一位有名的催眠专家伊波利特·波恩海姆求教,那个时候,他正在采用布洛伊尔的疏泄法。三年以后,他观察到在被遗忘的痛苦记忆中占据主要地位的是那些不能接受的愿望,于是他形成了压抑的概念,这是弗洛伊德学说中的基本要素之一。然后他请布洛伊尔一起合作,并于1895年共同出版了一本划时代的著作——《癔病研究》,

这时，弗洛伊德已经放弃了催眠术而开始采用"自由联想"法，"自由联想"法的发明，是弗洛伊德一生中的两大业绩之一，另外一项业绩是两年以后开始进行的自我分析。

在这些年中，他向一些医学团体宣读了若干篇论文，宣布了他所得到的惊人结论，他指出各种精神神经症都是由无意识的性冲动而引起的。但他得到的反应极为冷淡，人们几乎要把他当作怪人而弃之。这时，他只有一个朋友对他深表同情，那就是住在柏林的威廉·佛里斯。弗洛伊德经常给他写信，记述了他为设法了解深层心理而采取的实验性的步骤，他的信件和记录已在1954年发表，题为《精神分析学的起源》。其中特别值得注意的是一份题名为"计划"的长篇记录，弗洛伊德试图从神经原方面来描述思维、记忆等各种精神过程。这是他最后一次试图把精神过程与躯体过程联系起来。

伟大的发现

　　1895年到1900年，是弗洛伊德多产的时期。他在1900年发表的《梦的解析》，被认为是一本巨著。该书不仅论述了过去的探讨者感到一筹莫展的梦境生活问题以及形成梦的种种复杂机制，而且还讨论了深度心理，即无意识的结构和作用方式。弗洛伊德在认识方面的最大贡献，就是他详细地研究了他所称的"初级"系统和"次级"系统。他指出了两种系统的作用方式是如何根本的不同，两者间的关系和相互影响是如何复杂并具有决定性意义。他所描述的初级系统的精神机制，最初是在探讨精神神经病时得到的认识，现已成了精神分析学说的一个不可缺少的组成部分。其中最为重要的是所谓的压抑、浓缩、移位、倒错以及润饰。正是由于这些机制，那些能接受的愿望、欲望或冲动才得到了间接的满足。有关隐蔽的愿望满足的理论，是弗洛伊德对心理学最有价值的贡献之一：通过这一理论，他以一种真正的心理动力学概念取代了已陈旧的联想心理学。

弗洛伊德发现，无意识的内容与意识，就像无意识所特有的机制一样，是完全不同的。从本质上说：无意识的内容起源于幼儿时代，在这方面，弗洛伊德对幼儿心理的内在性质作了阐述，他引起了世人的震惊和反感。他坚持认为，幼儿深度心理的活动是双亲的性的动机和敌对动机驱使的。典型的例子就是俄狄浦斯情结，其内容就是对双亲中异性一方的性欲望和对竞争者的妒忌与憎恨。弗洛伊德甚至认为，幼儿在诞生之时，并在未断奶时就已经有了色情感。他这本论述梦的著作刚发行时并没有引起多大的注意，可是过了几年，当上述那些性的观点经过更充分地描述之后，便遭到了人们的猛烈攻击。

成年时代的弗洛伊德

我在这里想对19世纪末20世纪初弗洛伊德的个性和旨趣做出些介绍。弗洛伊德博学多才,有着很高的文化素养,他精通古典文学,对本国和别国的文学名著涉猎甚广。他对希腊神话极为熟悉,不但经常随口应用,在他的著作中也比比皆是。他有非凡的文学才能,因而被公认为德语的散文大师。在艺术方面他最为欣赏的是诗歌与雕塑,对绘画与建筑也有兴趣,但对音乐的爱好相对小些。从1890年到1914年,他通常每年要到意大利去消磨,潜心研究那里的艺术杰作。凡这类的旅行,同去的不是他的弟弟就是他的朋友;因为他的妻子不喜欢旅行,宁愿和孩子们一起守在家里。弗洛伊德在外出旅游之前,总是先携全家去某个宁静的山林胜地度上一个半月的假期，那是他的生活中最最幸福美满的时光。弗洛伊德非常喜欢孩子，总爱和他们待在一起。

弗洛伊德个性中有一个相当突出的特点，就是极富幽默感，而且始终十分犀利，有时还不缺乏讽刺挖苦之意。碰到了恶意的批评，他就不无诙谐地议论上几句，要是换上别人，很可能会愤愤不平，为之动怒。在犹太笑话和轶事方面，弗洛伊德有着十分丰富的知识，他喜欢用它使自己的论证更加鲜明有力。

1891年，弗洛伊德全家搬到贝尔加泽街十九号（仍在维也纳市），他在那儿一直住到1938年。1908年，弗洛伊德在他住的那一层又得到一套房间，共有三室，后来，他把这套房间与原来的连通起来。弗洛伊德有几个房间，里面摆满了——或者不妨说到处摊着他收集的文物古器，特别是那些希腊、埃及的古董；这是他唯一的嗜好，他从中得到了莫大的快乐。他对考古发掘工作有着浓厚的兴趣。

精神分析学运动的发展

1902年,弗洛伊德邀请几位年轻的同事和学生定期碰头,对他当时正在从事的研究进行探讨。他们谦虚地称这个小团体为"星期三心理学研究组",后来该组发展为"维也纳精神分析学协会"。在这些人当中现在还有知道的两位,他们是阿尔弗雷德·阿德勒和威廉·斯泰克尔。在《梦的解析》发表以后的五年中,弗洛伊德很少写作,但是他在1904年出版的《日常生活中的心理病理学》可能是他流传最广的一本著作。这本书探讨了种种有缺陷的心理作用,比如遗忘、失言、笔误、错放东西等等。弗洛伊德在书中作出的结论,现在已被人们广泛接受,他的其他所有理论都没有达到这一步。这本书对于决定论来说是一个重大的贡献,因为书中所揭示的许多看似偶然、毫无意义的行为，以及许多简单地归结为"自由意志"的举动，实际上是人们没有意识到的隐秘而矛盾的愿望所驱使的。

1905年，他发表了三本重要的著作。一本篇幅较长，一般称之为《多拉的分析》，弗洛伊德在书中详尽地阐述了如何用梦的解析去揭示并治疗精神神经症的种种症状；这是我们认识弗洛伊德的技术的一个重要来源。另一本是《玩笑及其与无意识的关系》，他在这本书中透彻地研究了无意识动机能够间接表现出来的许多方式。这一年里，他还出版了一本最有争议的论著：《性学三论》。里面新奇而又耸人听闻的地方，就是他对幼儿性作用的全面描述，他把成人性变态解释成是幼儿性作用的畸形产物。这是弗洛伊德的第一本引人注目的书。他不但引人注目，而且还给人们极大的愤慨，遭到了强烈的谴责和嘲笑。弗洛伊德在各国科学界顿时成了一个最不受欢迎的人，在以后的很多年里，他遇到了只有最伟大的先驱者才会遭受的种种辱骂和攻击。但是，无论那些批评有多么刻毒，他从来不予回答。他唯一发表的为自己观点辩护的著作，是《精神分析运动史》（1906年），这本书主要是区分他的理论和阿德勒、荣格等提出的对立理论之间的基本差别。对于其他问题，他的回答就像查尔斯·达尔文一样：继续发表新的证据。

1906年，著名的历史精神分析学家欧根·布洛伊勒和卡尔·荣格，以及他们的一些学生宣布，他们赞同弗洛伊德的方法结论。除了英国医生欧内斯特·琼斯以外，他们是第一批支持弗洛伊德的非维也纳人。1908年4月，荣格组织了第一届国际精神分析学大会，会议地点在萨尔茨堡。两年以后，国际精神分析协会正式成立。半个世纪以来，这个组织已有30多个分会分布在世界许多国家。当时，出席第一届代表大会的有42名代表，其中包括卡尔·亚伯拉罕，布洛伊德，弗洛伊德的匈牙利同事桑多·费伦茨，荣格和欧内斯特·琼斯本人。委员会的职责是在事务管理问题上向弗洛伊德提出建议并提供帮助，同时也在他和外界攻击他的人之间形成一道屏障。

早在1885年，弗洛伊德就在维也纳大学当过临时聘任讲师，这样他能在那里开设一些非正式的讲座。1902年他被特聘为教授，1920年时他当上了正式教授，然而他在教授会议上却没有席位，也没有别的什么特权。弗洛伊德在维也纳大学从来没有担任过任何正式的教职。

精神分析学在非医学方面的应用

弗洛伊德发表过大量临床方面的论文,对精神分析学研究中的细节问题进行了探讨,他还公布过五份长篇病历,提供了很多有关他研究方法方面的情况。此外,他还写过一系列专门论述精神分析技巧的文章。但是从他的《梦的解析》中可以看出,弗洛伊德从一开始就意识到他的发现具有广泛的意义,他知道这些发现一定会远远超出精神神经症的狭小范围,涉及人类方面的各种问题。在这个比较容易接近的领域中获得的知识,可以用到"正常"生活中一些很难解释的问题上。因此他在1912年创办了一份《意象》杂志,用来讨论他的研究在非医学方面的应用情况。《意象》杂志是对早期创办的《精神分析学年鉴》(1909年)和《精神分析学导报》（1910年）的补充，《导报》不久便为《精神分析学杂志》所取代（1913年）。

伟大的创造性作家对人类心理的透彻观察，早就使弗洛伊德赞叹不已。他在1907年写的《耶森的＜格拉狄瓦＞中的妄想与梦》，对德国作家耶森的小说《格拉狄瓦》作了精彩的研究。在这位富有想象力的作家的作品中，弗洛伊德看到一些心理机制和他在探讨梦与神经症时所阐述的机制完全相同。三年以后，弗洛伊德又出版了一本雄心勃勃的研究专著：《列奥纳多·达·芬奇和他对童年时代的一次回忆》。他在书中将列奥纳多在艺术追求与科学追求方面的矛盾追溯到他的幼年时代。在弗洛伊德的启发下，他的一些学生，特别是奥托·兰克便把弗洛伊德的方法用来解释神话和民歌传说，这样越来越清楚地显示出人类想象的各种表现有很多地方是相同的。卡尔·亚伯拉罕甚至用这种方法阐述了三千年前第一位一神论者埃及法老阿朗那顿发动宗教革命的动机。

1913年弗洛伊德的《图腾与禁忌》出版发行，这本书的重要性仅次于《梦的解析》。通过对乱伦恐惧、情感矛盾等许多特征的研究，弗洛伊德发现这些都是儿童和野蛮人的原始心理所共同具有的特征。他强调了原始人弑亲行为的重大意义，并认为文明、道德和宗教就起源于对弑亲行为的追悔和其他反应。

第一次世界大战，由于食物减少到最低限度，缺乏暖气以及其他的麻烦，给弗洛伊德和他朋友的生活带来了很大的困苦。而战后奥地利货币的崩溃不仅使弗洛伊德的积蓄丧失殆尽，而且迫使他奋力抗争以避免破产。大战期间，弗洛伊德出版了唯一一本关于时事的著作《对战争与死亡时期的思考》（1915年）。他指出实际上幻灭感并不一定是战争引起的，幻灭感的产生与过去人们过高地估计人类的道德进步有关；这一事实只是由此发生了可怕的战争才被揭示了出来。18年后，弗洛伊德应国际联盟之邀，就"为何会有战争"的问题，与爱因斯坦作了通信讨论。弗洛伊德一方面对未来仍抱有希望，另一方面也指明了在消灭战争的道路上还存在的各种障碍。

鼎盛时期

就在战争的第一年,弗洛伊德可能以为他的工作将要结束了,于是他就心理的本质问题,发表了一系列重要文章。这些文章成为他一生主要工作的最高峰。

1919年,弗洛伊德创办了一家国际性的出版公司,专门出版发行精神分析学方面的杂志和书籍。到1938年纳粹查封前,该公司已经出版了五种杂志、一百五十种书籍。

就在同一年,弗洛伊德在一本名为《超越唯乐原则》的书中,对人的心理提出了一种新的革命性理论,这一理论的提出,使得他的信从者们大吃一惊。弗洛伊德本来认为,心理中的主要原则是唯乐—痛苦原则,以及由此产生的唯实原则。但在这本书中,他提出了一种更加基本的原则,即他所称的重复—强迫原则（repetition-compulsion），它具有恢复早期状态的倾向。如果从逻辑上推到极端的话，这意味着那里存留一种使生命变为无生命物体的倾向，弗洛伊德称之为"死本能"。这与其说是临床的结论，不如说是一种哲学的推论，只有极少数几个信从者觉得能够接受这一观点。这也表明弗洛伊德有关本能的理论有了变化。他曾几次试图把各种本能分为两组对立的类型，他就用这种方法把本能归入生本能和死本能两个基本的范畴。他认为死本能外向化时，就会引起攻击性冲动，给人类带来极大的痛苦。

在以后的两年里，弗洛伊德又出版了两本著作《群体心理学与自我的分析》和《自我与伊德》，后者为新的自我心理学奠定了基础，并且直到现在人们仍在对它进行着富有成果的研究。弗洛伊德以前曾把精神过程分为意识、前意识和无意识三个方面，但是通过进一步研究，他认为这种划分法虽然不失有用，然而还存在着一种更加基本的尺度。这时，他提出了一种新的三分法，他把所分的三个部分称之为伊德、自我和超我。伊德相当于来自原始本能的能量的原始贮藏库。弗洛伊德认为它是一种完全没有分化过的能量，但是伊德也许并不像他想象的那么完整。自我则是从伊德产生出来的与外界进行接触的专门性力量。弗洛伊德在研究了病人身上几种形式的抵抗之后，以充分的理由提出假设：自我中有很大一部分是无意识的。这个结论也附带地说明，人们为什么坚信那些产生于内心深处的决定是自发性（自由意志）的。

早在几年之前，弗洛伊德就已提出"自我理想"的概念：它是一种自恋性力量，它批判自己本身存在的缺陷和不足，并驱使自我达到更严格的道德标准或审美标准。后来，弗洛伊德把它重新命名为"超我"，不过其含义则大大地扩展了：它是从自我分裂出来的部分，它体现了插入其中并由一定程度上被同化了的父母的要求和标准。然而由于它在攻击性冲动中有着较深的根基，因而能引起一种极度痛苦的犯罪感。其程度之难以忍受，使得人们设法寻求逃避——这是一个与犯罪倾向有关的题目，或者以各式各样的自我惩罚和自卑感来减轻那些感觉。所谓"良心"，就是衡量自我和超我之间心理紧张程度的一种尺度。

大约在这一时期，也就是在1923年春天，弗洛伊德的口腔上部患了癌症。同年10月，他做了一次根治手术，上颚一边只好全部切除，于是他必须装上又大又复杂的假牙，这给他带来了不少苦恼。在这以后的16年里他吃了不少苦头，除了无数次痛苦的治疗以外，还动了33次手术。在这漫长的时期他从来不哼一声，而是默默地忍受着巨大的病痛。

1925年，弗洛伊德发表了《抑制、症状和焦虑》，该书阐述了焦虑和恐惧的性质及来源；他在这一年中还应约撰写了一部简短的自传。1926年,他写了一本书,为普通人而不是受过医学或精神分析学训练的人运用这一学科的可行性进行辩护。他担心精神分析学会变成医学的一个无足轻重的附属部分,以致它对于人类更广泛的意义会被人们忽视。但是,他想使精神分析学的应用成为一门独立的职业的愿望并没有实现。

1927年弗洛伊德写了《幻觉的未来》一书,为此他受到宗教界的强烈谴责。严格地说,这本书对精神分析学并没有什么贡献,它只是表达了弗洛伊德的信念即单靠愿望和恐惧的心理动机就足以形成宗教的信仰,尤其是对上帝和永恒的信仰,这里根本不需要求助于什么超自然的力量。两年之后,又一本不受欢迎的书《文明及其不满》问世。弗洛伊德在书中揭示了人类社会的根本弱点,并指出了许多必须加以补救的缺陷。他在较早些时候写的《群体心理学》中,就对联接各个社团的纽带的性质及其来源作过大量阐述,这对社会学是一个重要的贡献。另外在这些年里,弗洛伊德还发表了不少临床方面很有价值的论文,以及论著《精神分析引论新编》,这使他在第一次世界大战中写的那两卷讲演在内容上得到了更新。

1930年,弗洛伊德的文学才能使他得到了歌德奖,这是他非常重视的一项荣誉。第二年,他的故乡为庆祝他的七十五岁寿辰,以他的名字命名他出生的那条街道,许多科学协会接受他为名誉会员,但除了他1909年曾作过讲演的克拉克大学曾授予他荣誉学位外,再也没有哪所大学授予他类似的学位。然而,1936年,世界上许多国家为他八十岁寿辰举行庆祝活动。这一年使他感到满意的另一件事是,他被接纳为英国皇家学会的通讯会员。

弗洛伊德在流亡中

1933年纳粹党人开始对犹太人进行迫害，这对弗洛伊德的研究工作是一个重大打击。当时弗洛伊德在德国的许多支持者被迫逃离自己的国家，他的著作在柏林被当众焚烧。此后不久，他的出版公司的大部分存书又在莱比锡被没收。尽管在德国的主要销路已经丧失，但该公司仍然全力挣扎，直到1938年纳粹入侵奥地利，公司房产被没收为止。

纳粹的迫害促使弗洛伊德思考犹太教的性质和起源问题，这一问题占去了他一生中最后五年的大部分时间。他把《摩西与一神教》写了又写，该书在当时信奉天主教的独裁政权统治下的维也纳，没有机会出版发行。1938年他离开维也纳后，该书终于问世，英译本也在他逝世前的几个月得以发行。这是一本想象力极为丰富的著作，书中的一些观点既难以证实也不容易予以反驳。弗洛伊德在书中推断，犹太教中特有的一神信仰，与第一个传播这种信仰的、富有革命精神的埃及法老阿肯那顿推行该信仰有关。通过对有关摩西出身的奇异故事进行的精神分析，弗洛伊德推断摩西实际上是埃及人，他提示说，摩西是一个忠于阿肯那顿的信仰的贵族，阿肯那顿死后，他的一神信仰就遭到埃及人的坚决抵制。由于这一看法，弗洛伊德在曾经把他尊为本民族伟人的犹太人那里，第一次受到了冷遇。按照弗洛伊德的观点，摩西向犹太人灌输一神信仰时，必须面对人们的强烈反抗，他认为摩西就是在一次反对他的权力的暴乱中被杀身亡的。于是，弗洛伊德进一步设想，摩西被害之后，人们为这样对待伟大领袖而悔恨，这是一种与弑亲愿望的先天反应有关的悔恨，他认为这是人类遗传特性中的一个重要部分。摩西的学说后来由少数几个忠实的信徒珍藏起来，直到几百年后才由一些伟大先知将它立为教义。

尽管压力重重，弗洛伊德坚决不同意离开早已成为故乡的维也纳。但是，1938年3月纳粹入侵奥地利以后，局势已经很明显了，如果还不走的话，要不了多久，他就会像别的犹太人一样厄运临头。在这关键时刻，欧内斯特·琼斯飞抵维也纳，劝他移居英国，英国内务大臣亦为他、他的家庭以及他的学生提供了最充分的帮助。是年6月，他克服了纳粹分子设置的重重障碍，终于飞抵伦敦。9月，他又搬到马兹费尔德花园，这是他最后一次搬家。9月间，弗洛伊德接受了最后的手术治病，这也是最大的一次手术。到了次年2月他癌症复发，医生认为已无法再动手术了。然而在他逝世前的一个月，弗洛伊德还在忙于他的本职工作，还在接待来访者，撰写文章。1939年9月23日，弗洛伊德在伦敦与世长辞。

译自《美国百科全书》（国际版，1982年）

弗洛伊德年表

1856年		5月6日生于（现属捷克的）摩拉维亚州弗赖堡。
1859年	3岁	全家迁居莱比锡。
1860年	4岁	又迁回维也纳。
1865年	9岁	进施帕尔中学学习。
1867年	11岁	因受《动物生命史》的影响，开始对自然科学产生了兴趣。
1872年	16岁	重游诞生地弗赖堡。
1873年	17岁	以优异的成绩毕业于施帕尔中学。秋考进维也纳大学医学院。
1875年	19岁	赴英国旅行，回维也纳后立志攻读医学。
1877年	21岁	3月，发表鳗鱼生殖腺的形态与构造的论文。入恩斯特·布吕克生理实验室工作。

1878年	22岁	研究八目鳗幼鱼苗的脊髓。
1879年	23岁	研究淡水蟹的神经系统。
1880年	24岁	受维也纳大学历史系教授冈柏的委托，把英国哲学家、经济学家约翰·斯图亚特·密尔的著作译成德文。
1881年	25岁	获得医学学位。
1882年	26岁	4月，与妹妹的朋友玛尔塔·贝尔纳斯邂逅，6月17日订婚。
		7月，进维也纳总医院工作。
1883年	27岁	5月，进梅涅特负责的精神病科工作。
1884年	28岁	1月，进神经科。
		7月，发表有关可卡因的论文。
1885年	29岁	夏，离开维也纳总医院。
		9月，被任命为维也纳大学讲师。
		10月，得到一笔奖学金后前往巴黎，师从法国神经学家沙可。
1886年	30岁	2月，自巴黎返国，途经柏林，去巴金斯基的诊所，了解儿童精神疾病方面的情况。
		4月，在维也纳开业行医。
		5月向"医学协会"汇报在沙可那儿的所见所闻。
		秋，与贝尔纳斯结婚。
1887年	31岁	11月，结识柏林医生佛里斯，结为

		好友。
1889年	33岁	夏天,前往法国南锡,进一步了解催眠法。
		10月,长女玛西黛诞生。
1891年	35岁	出版《论失语症》。
		2月,次子奥列佛诞生。全家搬到贝尔加泽街十九号居住,直到1938年才离开。
1892年	36岁	三子恩斯特诞生。
1893年	37岁	次女苏菲诞生。
		和布洛伊尔合作发表初论《癔病症状的心理机制》。
1894年	38岁	开始与布洛伊尔意见不合。
1895年	39岁	小女安娜诞生。
		与布洛伊尔合写的《癔病的研究》出版。
		7月24日,对自己的梦境作了首次的分析。
1896年	40岁	与布洛伊尔彻底决裂。
		10月13日,父亲去世。
1897年	41岁	开始对自己进行精神分析。
1898年	42岁	反表有关幼儿性欲的理论。
1900年	44岁	《梦的解析》问世。
1901年	45岁	去向往已久的罗马观光。

1902年	46岁	被维也纳大学特聘为教授。 与阿尔弗雷德·阿德勒等四青年创办"星期三心理学研究组"。
1903年	47岁	与患难时的好友佛里斯交恶。
1904年	48岁	出版《日常生活中的心理病理学》。
1905年	49岁	出版《玩笑及其与无意识的关系》,《多拉的分析》和《性学三论》。
1906年	50岁	与佛里斯断绝关系。 开始与荣格通信联系。
1907年	51岁	演讲《创造性作家与昼梦》。 与荣格会面。 写《强迫观念活动与宗教仪式》。
1908年	52岁	4月27日,第一届"国际精神分析大会"在萨尔茨堡召开。
1909年	53岁	9月,应美国马萨诸塞州伍斯特市克拉克大学校长霍尔的邀请,与荣格等前去参加该校二十周年校庆活动,并作了精神分析学方面的系列演讲。自此,精神分析学在美国开始产生影响。
1910年	54岁	3月底,在纽伦堡召开第二届"国际精神分析大会",会上成立了"国际精神分析协会",弗洛伊德安排荣格任首任主席。 写《列奥纳多·达·芬奇和他对童年

时代的一次回忆》。

1911年	55岁	在魏玛召开第三届国际精神分析学大会。
		秋，与阿德勒决裂。
1912年	56岁	与威廉·斯泰克尔决裂。
		欧内斯特·琼斯等最忠实的支持者发起组织一个名叫"委员会"的小组，专门负责弗洛伊德的日常事务以及与外界联系方面的工作。
1913年	57岁	在慕尼黑召开第四届国际精神分析大会。
		《图腾与禁忌》出版。
1914年	58岁	荣格退出精神分析协会。
		发表《精神分析运动史》和《米开朗基罗的摩西》。
1915年	59岁	4月，发表《对战争与死亡时期的思考》等论文。
		在维也纳大学开讲"精神分析引论"。
		提出"心理玄学"的设想。
1916年	60岁	《精神分析引论》出版。
1918年	62岁	在布达佩斯召开第五届"国际精神分析学大会"。
1919年	63岁	在维也纳创办"国际精神分析出版公司"。

1920年	64岁	在海牙召开第六届"国际精神分析学大会"。著《超越唯乐原则》。
1922年	66岁	在柏林召开第七届"国际精神分析学大会"。
1923年	67岁	4月,上颚发现肿瘤,做首次手术。发表《自我与伊德》,提出新的人格理论。
1924年	68岁	在萨尔茨堡召开第八届"国际精神分析学大会"。
1925年	69岁	撰写《自传》。在洪堡召开第九届"国际精神分析学大会"。
1926年	70岁	奥地利官方在弗洛伊德七十岁寿辰时,首次通过广播介绍弗洛伊德的生平。
1927年	71岁	出版《幻觉的未来》。在因斯布鲁克召开第十届"国际精神分析学大会"。
1929年	73岁	德国著名作家托马斯·曼发表"弗洛伊德与未来"的演讲,认为弗洛伊德是现代思想史上最重要的伟人之一。《文明及其不满》出版。在牛津召开第十一届"国际精神分析学大会"。

1930年	74岁	荣获歌德文学奖，因健康等原因，由女儿安娜·弗洛伊德前往法兰克福参加授奖仪式。
1932年	76岁	著《精神分析引论新编》。在威斯巴顿召开第十二届"国际精神分析学大会"。
1933年	77岁	希特勒掌权，有关精神分析的书刊被禁。
1934年	78岁	在卢塞恩召开第十三届"国际精神分析学大会"。从这次大会开始，弗洛伊德因病情严重，已无法亲自参加。
1935年	79岁	当选为英国皇家学会通讯会员。
1936年	80岁	纳粹分子冻结"国际精神分析出版公司"财产。
1938年	82岁	3月，纳粹入侵奥地利，"国际精神分析出版公司"财产被全部查封。6月，在欧内斯特·琼斯等人帮助下克服重重障碍，离开维也纳前往英国伦敦。9月，接受最后一次手术治疗。
1939年	83岁	3月，《摩西与一神教》出版。9月23日，在伦敦去世。

专门术语解释[1]
（按先后顺序排列）

转换

指精神上的冲突转变为躯体性的症状，转换后的症状一般显现为感觉缺失、感觉异常、麻痹或痉挛等。这种转换有时是欲望或愿望经过改头换面的满足，但更多的则表现为对这类满足的抑制。精神分析学认为躯体性癔病症状是一种心因性症状，它的转换或多或少都具有某种含义。

---

[1] 本部分内容根据《精神分析学批评辞典》（A Critical Dictionary of Psychoanalysis, Penguin Books, 1983年）、《心理学全书》（The Encyclopedic Dictionary of Psychology, Massachusetts, 1983年）和《新版心理学事典》（平凡社，1981年）编译。

疏泄

布洛伊尔首先采用的一种治疗方法,其目的在于释放被病人压抑的情感。这种方法后来为精神分析法所取代,因为后者不仅疏泄这种情感,而且它更注重于认识这种情感。

神经症

神经症一词是18世纪后半期出现的,最初是指精神方面的疾病。到了19世纪,通常用来指"功能性失调",也就是神经系统功能障碍引起的疾病,这种障碍不伴有结构上的改变。后来弗洛伊德发现,神经症中有一种疾病——癔病——是性格失调而不是神经失调,从这以后,神经症就明确用来描述精神失调,这些失调不是精神系统方面的疾病。精神分析学理论把神经症划分为下面几种类型:

精神神经症:由患者的心理冲突或过去的一些事件引起的,只能从患者的性格和经历方面进行解释。精神神经症有三种形式:1)转换性癔病;2)焦虑性癔病(恐怖症);3)强迫性神经症。

真性神经症:是现实性功能紊乱在生理上的反映,可以从患者性生活的习性方面加以解释,真性神经主要表现为神经衰弱症和焦虑性神经症,前面一种是性活动过度的结果,后面一种是性刺激未能消除而引起的。

创伤性神经症：由某种突如其来的震扰引起，这种病的症状和其他神经症不同，无法加以解释。换句话说，创伤性神经症中不含有无意识方面的意义。

自恋性神经症：指患者无法产生移情的神经症。

性格神经症：指患者的性格特征就是"病象"的神经症。

器质性神经症：精神分析学的术语，指现在通常说的身心性疾病。

儿童神经症：幼儿时期的神经症。精神分析学认为，所有成人的神经症在幼儿时期都有过类似的症状。

移情性神经症：一种病人能够产生移情的神经症，或者是患者在精神分析的过程中对医生产生的一种迷恋。

抵抗

精神分析治疗过程中出现的一种情况，即不让无意识过程变成意识。当患者反对治疗者解释的时候，他便是处在一种抵抗的状态中。

防御机制

指一些为保护自我或自己免受冲突、内疚或焦虑之累的无意识反应。这些机制专事改变无意识冲动，因为无意识冲动通常由于社会习俗的制约而不能直接表现出来。

19世纪90年代,弗洛伊德在他关于精神分析学的第一批文章中(特别是《防御性精神神经症》,1894年)指出了防御机制的概念。他那时探讨了一种最常见的机制——压抑。随后,他又提出了不少防御机制。他在关于焦虑问题(1926年)的书中认为,这些机制的主要功能就是对付由性冲动或攻击冲动而引起的焦虑和内疚。精神分析学家们对到底有多少机制,以及这些机制的实质到底是什么历来有争论,但是,对一些常见的机制看法还是比较一致的。弗洛伊德的女儿安娜·弗洛伊德在一篇文章中曾列述过基本的防御机制,这些机制是:

1. 压抑
2. 文饰作用
3. 反应形成
4. 投射
5. 倒退
6. 移位
7. 升华
8. 隔绝
9. 理智化

压抑

指从意识中排除或无意识地压制那些有危险的、不能接受的冲动,以及与此冲动相关的记忆或意象。实际上,压抑一词在弗洛伊德精神分析学的早年,就是防御的同义词。在幼儿时期最初排除压迫在意识中的不愉快的东西,这是初级压抑;防止被压抑的无意识内容进入意识,这是真正的压抑。这样,压抑就是防御的第一步,它在防御机制中占有独特的地位。弗洛伊德的精神分析学可以说是与压抑的发现同时开始的。但后来他发现了为防止压抑而产生的种种防御机制,那些机制并不一定完全排除无意识的内容。另外必须注意的是,与其他机制一样,压抑是一种无意识的过程,它和抑制不同,抑制是个人有意识地压制对某一对象的意识。

意识 无意识 前意识

早期弗洛伊德精神分析学认为,人的精神活动有两个部分,意识和无意识。意识是能够被直接感知的心理部分,而无意识则包括各种原始冲动、愿望、本能等各种习俗、道德所不容的内容。由于这些内容为外界现实所拒绝,便被排挤或压抑到意识阈下面。但是它们并没有消失,而是在千方百计寻求满足,并一有机会就通过各种途径表现出来。在弗洛伊德看来，甚至从失言中也可以找到某种无意识的愿望。因此无意识的精神活动对人的行为具有决定性作用。

在认识无意识的基础上，弗洛伊德又发现还可以对无意识的内容作进一步区分，于是就有了前意识和无意识本身。他认为，前意识思想或记忆是很容易成为意识的，因为它受到的抵抗较弱，而无意识受到的反抗就要强得多，所以无意识思想或记忆很难成为意识。

从1890年到1920年，弗洛伊德始终在试图发现人格中无法直接了解的决定性因素。他在这方面的惊人观点，使得人们开始重视无意识对人类活动的重大影响，但是到了1920年后，在无意识的基础上，他又提出了他的人格说，于是意识和无意识在精神分析学理论中只是作为不同的精神现象而保留下来。

俄狄浦斯情结（一译：恋母情结）

一组无意识观念和情感，其核心愿望是占有双亲中异性的一方，排斥同性的一方。精神分析学认为，这种情结一般在里比多和自我的发展阶段出现，也就是三~五岁之间，不过有些恋母现象可能出现得更早一些。俄狄浦斯这一名称来自神话故事，俄狄浦斯在不知道双亲的情况下杀了父亲，娶母为妻。在弗洛伊德看来，这种情结是一种普遍的现象，也是许多无意识犯罪的原因所在。要消除俄狄浦斯情结，可以使本人与双亲中同性的一方同一化，并暂时放弃与异性一方的关系。

弗洛伊德在1897年致佛里斯的一封信中，第一次提到俄狄浦斯情结。他在父亲去世后开始进行的自我分析中形成了这一概念。1900年出版的《梦的解析》，正式提出了这一概念。在1930年之前，俄狄浦斯情结始终是精神分析学理论的一块基石，但是从那以后，精神分析学越来越侧重于母亲方面的情况，并关注前俄狄浦斯情结阶段与母亲的关系。

里比多（又译为欲力或性欲）

精神分析学的一个基本概念，最初指寻求快感的性欲能量，后来弗洛伊德和其他人把生本能和死本能能量也包括了进去。

里比多概念是19世纪90年代弗洛伊德发现性冲动在神经症中的重要性时形成的。到了1905年，他又写了《性学三论》一书，假设幼儿时期性发展的几个阶段，从而全面地发展了里比多理论。

弗洛伊德认为里比多是一种力，它迫使性的欲望通过躯体和精神活动表现出来。"里比多"理论试图探讨所有这些表现，从而找到人格发展在生物和心理方面的进程。根据弗洛伊德的观点，人一生中最初几年的生活，对人格的形成极为重要。他把这段时间分为几个阶段，每个阶段都用人体某一部位的反应方式来命名。在口唇阶段，吮吸和吃食是快感的主要来源，肛门阶段主要是排除和控制产生的快感，阳具阶段开始于儿童意识到性器是快感的来源。对里比多发展的阐述，是精神分析学人格形成理论的基础，有了这个基础，就可以对伊德、自我、超我，人与人的关系的特殊方式，精神冲突、防御机制以及性格特征等各种各样的心理结构进行说明和解释。

固结

在精神分析学中，指对早期某一发展阶段或某一客体的依恋。固结的出现，说明个体未能顺利通过里比多的发展阶段（三～五岁）。固结的主要表现事固结者沉迷于幼儿时期的、已不合适的行为形式，或者迫于压力，退向这类行为形式。挫折过大、过分满足以及极度的爱和恨，都可能引起固结。个体所固结的幼儿发展过程中的某一个阶段、某一时期或者某一点，就是固结点。

倒退

通常指回到一种较早的状态或方式。精神分析学认为倒退是一种心理防御机制,即通过退出压抑的现实环境回到里比多和自我发展的阶段,摆脱焦虑状态。

弗洛伊德认为,倒退也是创造性过程的一个组成部分。科学家和艺术家对各自专业领域里新的进展,往往采用原始的态度。他们暂时地放弃传统的和固定的思维方法,拒绝流行的观念,但他们又能重新找到回到现实去的道路。

两性同体

通常指一个人同时具有男性和女性的心理特征和态势。精神分析学理论一向认为,所有的人在体质和精神性欲方面,都是两性同体的。弗洛伊德的这一观念是从他的朋友佛里斯那儿得来的,并最初在生物和解剖材料中得到了证实,那些材料显示,男性身上还残留着某些已退化的女性器官,同样女性身上也有某些男性器官的残留。不过当代这方面的理论则通过儿童与父母等同的情况,解释精神性欲中的两性同体现象。这样,一些无性的活动就具有性的内涵,被动、顺从、受虐、直觉以及接受行为可以看成是女性特征,主动、独断、施虐、理智以及威胁行为则是男性特征的表现,如果态势有了改变,那就意味着性向发生了变化。

去势情结

对可能会失去性器的焦虑情态。根据精神分析学的观点，所有男性（成人和儿童）都会产生去势焦虑。这种去势情态主要表现为失去阳具——在去势的威胁中阻止男孩沾染手淫，失去性欲快感能力；或者丧失男性特征。

除了男性，精神分析学家断言女性也会产生去势情结，在这种情结的作用下，她们感到自己"被去势了"，感到有一种强迫性冲动，要证实身上存在着阳具的象征性替代物，或者对任何器官或活动已经同阳具等位而感到焦虑。

自由联想

作为一个专门术语，自由联想是指患者在精神分析医生的帮助下进行思维的方式。这一技术是以一些假设为根据的：任何想法最终都能通向重要的部分；如果注意力放松，抵抗就会减小到最低限度，反之，就会大大加强。弗洛伊德采用了自由联想技术以后，就放弃了催眠术。

不过应该说明的是，英文"自由联想"实际上是德文"freier Einfall"的误译。德文"Einfall"的原意是"突然想起"、"闪念"（irruption, sudden idea），也就是在放松的情况下自然产生的一些想法和念头，并不是什么"联想"。

但是英文"自由联想"这个词现在已经为人们所广泛接受并运用。

精神分析的基本规则（简称：基本规则）

精神分析学对自由联想提出的一项基本规则：患者必须毫无保留地把各种想法告诉医生，在报告的过程中自己不能作任何取舍或强调。

移情

精神分析治疗到了一定的阶段，患者会对医生产生爱情、倾慕、憎恶、不信任等强烈的个人情感。早期精神分析学认为这种现象的产生，会干扰医生去发现患者被压抑的记忆。后来，弗洛伊德认识到，这种情况并不是患者在治疗过程中对治疗者的自然反应，而是患者把他对过去生活中人物的感情和印象，不知不觉地移向了医生，弗洛伊德称这种现象为移情。随着俄狄浦斯情结理论的发展，可以越来越清楚的看出，治疗中产生的移情，正是患者幼年在恋母阶段对父母的情感的再现。由于情感的内容是不同的，因此就有不同的移情。对医生产生依恋、信任或爱情等情感，可以看成是正移情，如果产生憎恶、不信任及轻蔑的情绪，这就是负移情。这些现象是患者对治疗的一种抵抗，因为它偏离了或回避了本来的治疗目的。但另一方面，由于这种情感是患者幼儿时期与双亲的基本纠葛的再现，治疗者就可以此为依据，了解患者病状的根本原因，从而能够有目的地进行治疗。在这一点上，移情对于神经症的治疗是十分重要的。

但是，移情的情况不仅仅出现在患者一方，鉴于治疗者本人也有幼年时期的那种经历、情感以及关系，他在治疗过程中也可能会对患者产生个人情感，这是一种反向移情，这种移情会导致治疗的失败。

梦 梦的解析

梦是睡眠中的一种精神活动，是睡眠期间一系列图像或事件的映现。几千年来，人们一直把梦看成是对未来的预言，而精神分析学则认为，梦具有心理上的含义，通过对梦的解析，可以了解人的一些动机。

弗洛伊德把梦分为两个层次：第一个层次是外显的内容（即外显的梦），这就是做梦者在梦中梦见的图像；第二个层次是潜隐的梦（即梦的隐意），也就是隐藏在显梦后面，或者混在其中的某些要求、动机、愿望和观念。这些要求、动机、愿望和观念就是做梦的真正动机。它们之所以被隐藏起来或变得非常晦涩，是因为它们都来自无意识，即使在梦中也很难通过梦的稽查——一种专门防止无意识内容进入意识的心理机制,也就是后来的"超我"的前身——这一关。因此,必须经过改头换面才能进入意识,这样,梦的潜隐内容就以外显内容的形式曲折地表现了出来。这种愿望满足的心理过程,就是"梦的工作"。

弗洛伊德之所以对梦感兴趣是因为他发现,像梦这样一种人人熟悉的正常的精神活动,它里面所包含的一些过程,与形成神经症病状的那些过程竟然完全一样。这些精神过程就是浓缩、移位、戏剧化和象征化,弗洛伊德称之为初级心理过程,而人在清醒时候的思想,则属于次级心理过程。因此弗洛伊德认为,梦的解析不仅能帮助人们认识做梦的真正含义,而且也能成为精神治疗的一个组成部分,帮助医生和神经症患者了解无意识动机。如果可能的话,进一步了解病状发生的原因,从而更有助于精神症的治疗。

顺便要说明的是,弗洛伊德关于梦的理论并不包括梦魇、焦虑和创伤性的梦,因为这三种梦都不是表现某种愿望的满足。梦魇和焦虑梦表现的是失败,创伤性的梦只是重复做梦者过去的创伤经历。

浓缩

一种心理过程。通过这种过程,两个或两个以上的意象凝合为一个新的合成意象,但是它仍然包含着被凝合的意象中的含义和能量。浓缩过程是初级过程即无意识思维的一种形式，可以在梦或症状形成中找到例证。

移位

一种防御机制，使能量由某一精神意象转移到另一精神意象的心理过程。移位过程是初级过程的一种形式。能量移位，使得某一意象有可能代表另一意象（如梦中所见的一些情况）。在更一般的意义上，这种过程能把个人对某一对象或活动的兴趣，转移到另一对象或活动上去，这样，他对后者的兴趣成了对前者兴趣的等位或替代。象征和升华，就是在连续移位的情况下产生的。

象征　象征表现　象征化

在精神分析学中，象征并不是一般意义上的象征物与所指对象之间的联系。精神分析学关于象征表现的理论注意的是一种意象、观念或活动对另一种意象、观念或活动的无意识替代。根据欧内斯特·琼斯的看法（1916年），严格意义上的象征表现有两个基本特征：第一，这种过程完全是一种无意识过程；第二，就象征表现来说，注入被象征观念中的情感，还未证明它可以进行像"升华过程"中的那种实质性的改变。精神分析学所说的"真正的"象征表现，实际上与做梦、症状形成相似,它们都是个人的产物,其含义只能从个人的经验中得到解释,辞书和社会习俗说明不了问题。当然,有些所谓普遍性象征,即人们在梦中、神话以及民间传说中所见的那些象征表现则是例外,因为,"人类基本、永久的利益是一致的","人类在寻求事物间相似点方面的能力是相同的",从这两方面考虑的话,普遍性象征的问题就可以得到解释了。

一般把象征化放在精神活动的初级过程中,不过弗洛伊德自己并没有这么说过,可能是因为象征形成过程是在凝缩和移位过程之后才产生的缘故。弗洛伊德在最后的著作中认为(1939年),词语也是"真正的"象征,他说:"梦无限制地利用着语言的象征,那些象征的含义做梦者大半是不知道的。然而我们通过自己的经验,可以确定象征的意思。那些象征很可能是在言语的早期阶段产生的。"弗洛伊德在1916年出版的《精神分析引论》中,也把象征表现描述为一种"古老而又陈旧的表达方式"。

矛盾心理

布洛伊勒首先用这个词来描述对某一客体同时存在的一对对立冲动或情感。矛盾心理一般指一种既爱又恨的情感。但是,矛盾心理与对某人的复杂情感又不同。矛盾心理指的是潜隐的情态，这一情态中对立的两种态度都同出一源，是相互依存的；复杂情感则是因为对象的不完美而产生的情绪。

唯乐原则（唯乐-痛苦原则） 唯实原则

弗洛伊德认为，精神活动受两种原则支配，一种是唯乐原则（唯乐—痛苦原则），一种是唯实原则。唯乐原则通过幻觉中的愿望满足，使心灵摆脱因本能张力变强而产生的痛苦或不快；唯实原则通过与外界现实的调节适应，从而使本能获得一定程度的满足。根据弗洛伊德的解释，唯实原则是个体在发展过程中学到的，而唯乐原则是天生的，原始的。

通常，"唯乐原则"一词比较容易引起误解。这个概念并没有积极追求快乐的含义，它的含义是避免不快。

心理玄学

弗洛伊德在20世纪10年代试图创立的一套纯理论体系。他用"心理玄学"的名称，是为了表明比起19世纪和20世纪初的传统心理学，这一体系包含更多的现象，揭示也更详尽。它主要从形态、动力和经济三方面来说明精神现象。形态部分主要是关于这些现象在精神结构中的位置，即这些现象属于伊德，还是属于自我或超我的范围；动力部分涉及各种本能及其活动；经济部分注重能量、里比多和疏泄在精神结构中的分配情况。不过这一体系由于理论上和技术上的原因，最终未能形成。

由于精神分析学的一些概念，如过程、本能和发展等都体现出一种动力的倾向，这就和仅仅是列述和解释心理特征的静态心理学完全不同，所以精神分析学又称动力心理学。

精神病

精神方面的疾病。精神病有器质性精神病和功能性精神病两类。前一类是由脑部的病患引起的；后一类主要表现为三种类型：精神分裂症，躁狂抑郁性精神病和偏执狂，这些病到底是躯体和体质方面的原因，还是心因性疾病，目前还有争议。

精神分析学认为，精神分析疗法是无法治疗精神病的，即使是心因性精神障碍，患者在分析治疗中无法产生移情。但是有些精神分析学家认为，如果对精神病患者施用精神分析法，他们也会产生一种移情，但这是一种负移情，也就是患者把治疗者当作自身的一个部分或者敌人，而精神症患者则把治疗者当作一个对象。

伊德 自我 超我

无意识在精神分析学的早年，曾是一个极为重要的概念。但是从1923年弗洛伊德在《自我与伊德》中提出人格由伊德、自我和超我组成的假设以后，无意识就只成了一种精神现象，许多以前认为是无意识的东西成了伊德。"伊德"是人格中最早、也是最原始的部分，是生物性冲动和欲望的贮存库。伊德是按"唯乐原则"活动的，它不顾一切的要寻求满足和快感。

"自我"的概念弗洛伊德在1895年就已提出，但直到1923年，才有了比较明确的阐述。自我是在个体成长过程中从伊德那儿分化出来的。当伊德的要求与现实相抵触而不能得到满足时，便产生了自我。自我本身没有能量，它的动力来自伊德。自我的职责是在伊德与外部现实之间进行调节，对伊德的要求进行修改，使之在一定条件下有可能得到满足。所以自我受"唯实原则"的支配。

"超我"是人格的道德部分，它代表的是理想而不是现实，要求的是完美而不是实际或快乐。超我是由自我中的一部分发展而来的。它由两部分组成：自我典范和良心。自我典范相当于幼儿观念中父母认为在道德方面是好的东西，良心则是父母观念中的坏的东西。自我和良心是同一道德观念的两个方面。

但是必须指出的是，伊德、自我和超我这三个体系之间并没有明确的分界。在人的一生中，它们既对立，又相互影响，且合成一体。这些影响，融合以及对立构成了人的整个精神活动。伊德、自我和超我，实际上是说明整个人格中不同的过程、功能、机制、能量的一种简便方法。

中文译者的话

这部《自传》译自詹姆斯·斯特雷奇和弗洛伊德的女儿安娜·弗洛伊德共同主编的规模宏大、最有权威性的英文版《标准版弗洛伊德心理学全集》第二十卷。作为精神分析学的创始人,弗洛伊德在《自传》中清晰地描述了自己与早期精神分析学的关系,对这一学科的演变和发展勾划了一个基本的轮廓。《自传》出版以后,即由弗洛伊德过去的病人,后来成为他的学生、朋友以及亲自认可的英译者之一斯特雷奇译成英文。在1959年收入标准版第二十卷时,斯特雷奇又对原来的译文作了修改,并作了大量的注释和说明,使得这部《自传》成为一部很有学术价值的重要著作。

本书在翻译过程中曾得到华东师范大学刘辉扬先生的鼓励和指导,此外译者还得到奚必安、李卫民等同志的不少帮助,在此一并表示衷心的感谢。

本书的内容除了弗洛伊德的《自传》以外,还选译了作者的好友琼斯为《美国百科全书》(国际版)写的一篇弗氏生平介绍,并根据国外专业辞典编写了一些名词解释(除了释义之外,还力求描述概念的变化及概念之间的关系),希望有助于进一步了解作者,以及他所创立的那一学科。

顾 闻